Somali—English

Bilingual Visual
Dictionary

Milet Publishing
Smallfields Cottage, Cox Green
Rudgwick, Horsham, West Sussex
RH12 3DE England
info@milet.com
www.milet.com
www.milet.co.uk

First English-Somali edition published by Milet Publishing in 2012

ISBN 978 1 84059 695 3

Designed by Christangelos Seferiadis

Printed and bound in Turkey by Ertem Matbaası

Contents Mawduucyada

■ **Animals**
Birds...4
Domestic Animals...7
Insects...10
Reptiles & Amphibians...12
Sea Creatures...14
Wild Animals...16

■ **The Human Body**...21

■ **House**
Structure of House...24
Living Room...25
Bedroom...26
Bathroom...27
Dining Room...28
Kitchen...29
Household Objects...32
Domestic Appliances...34

■ **Clothing & Personal objects**
Clothing...38
Personal Objects...42

■ **Tools**...48

■ **Technology**...52

■ **Food**...54
Fruit & Vegetables...55
Bakery...62
Nuts...64
Meat...65
Miscellaneous Food...66
Dairy Products...70
Beverages...71

■ **Transportation**
Vehicles...72
Other...80

■ **Nature**
Plants...82
Land Forms...89
Weather...94

■ **Earth and Space**
Earth...96
Space...98
Environment...100

■ **Sports**...102

■ **The Arts**...108

■ **Musical Instruments**...110

■ **Time**...114

■ **School**...118

■ **Numbers**...124

■ **Shapes & Colors**
Shapes...130
Colors...132

■ **Punctuation Marks**...134

■ **Symbols**...135

■ **Index**...136

Xayawaan
Shinbiro...4
Xayaanka la Xanaanaysto...7
Cayayaanka...10
Xamaarato...12
Xayawaanka Badda...14
Duur-Joogta...16

Jirka Bini'aadamka...21

Dhisme guri
Qaabka Dhismaha Guriga...24
Qolka Fadhiga...25
Qolka Jiifka...26
Qubayska...27
Qolka cuntada...28
Jiko...29
Qalab Guri...32
Qalabka Guriga...34

Dharka iyo waxyaabaha gaarka ee shaqsiga
Dhar...38
Waxyaabo Shaqsiyeed...42

Qalab...48

Technology...52

Cunto...54
Qudaar...55
Foornada...62
Loos...64
Hilib...65
Cunto kala Duduwan...66
Walxaha caanaha laga sameeyo...70
Cabitaan...71

Gaadiid
Baabuur...72
Kale...80

Dabiici
Dhir...82
Qaababka Dhulka...89
Cimilada...94

Dhul iyo cir
Dhul...96
Meel Banaan...98
Bii'ada...100

Cayaaraha...102

Fanka...108

Qalab Muusig...110

Waqti...114

Iskuul...118

Tirooyin...124

Qaababka iyo midabada
Qaababka...130
Midabada...132

Calaamadaha qoralka...134

Astaamo...135

Tusmo alifbeeto ah...136

3

robin
shinbir yar

crow
tuke

cage
qafis

beak
afka shimbirta

claw
cidiyaha

feather
baal

eagle
galeyr

egg
ukun

falcon
galayr

flamingo
booloboolada
falamingo

gull
nooc shimbir-badeedah

hawk
daffo

heron
nooc shimbir-badeedah

lovebird
**shimbir yar oo baalal
midabo leh**

nest
buul

ostrich
gorayo

owl
guumays

parrot
babqaaq

peacock
daa'uus

pelican
booloboolada

pigeon
qooleey

sparrow
shimbirka sparrow

stork
cantalyaa

swallow
shimbirka swallow

swan
xuur-badeed

vulture
coomaadi

wing
baal shimbir

woodpecker
shimbirta geedaha
daloolisa

barn
ahır

bull
dibi

calf
wayl

cow
sac

cat
bisad

kitten
bisad yar

dog
eey

doghouse
guri eey

puppy
dhasha ayga

7

collar
qool

goose
shinbirta goos

chick
boojaal

hen
digaag

crest
dhoor

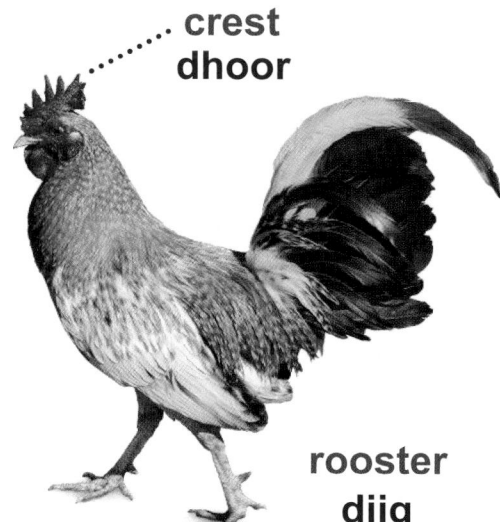

rooster
diig

duck
boollo boollo

turkey
digirin

lamb
ido

goat
ri'

sheep
ido

camel
geel

pig
doofaar

donkey
dameer

pet
xayawaanka lala saaxiibo

horse
faras

hoof
qoob

ant
quraansho

moth
balanbaalis

beetle
xaarwalwaal

cocoon
coccon

caterpillar
diir

butterfly
ballanbaalis

cricket
xayawaan ayaxa u eg

grasshopper
ayax

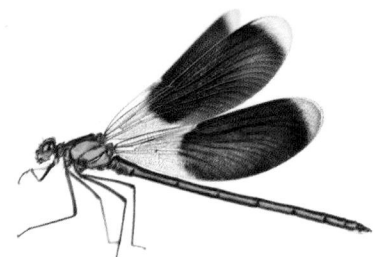

dragonfly
baalkaa biyood

bee
shinni

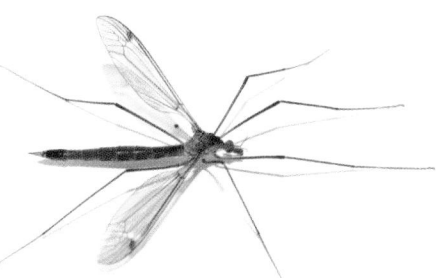

beehive
meesha melabka shinidu
ku samayso

wasp
xuun

ladybird
shimbirad

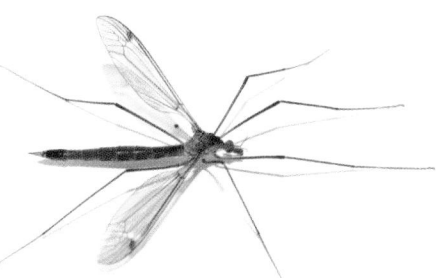

mosquito
kaneeco

fly
daqsi

scorpion
dib qalooc

spider
caaro

cobweb
xuub caaro

snail
isneyl

11

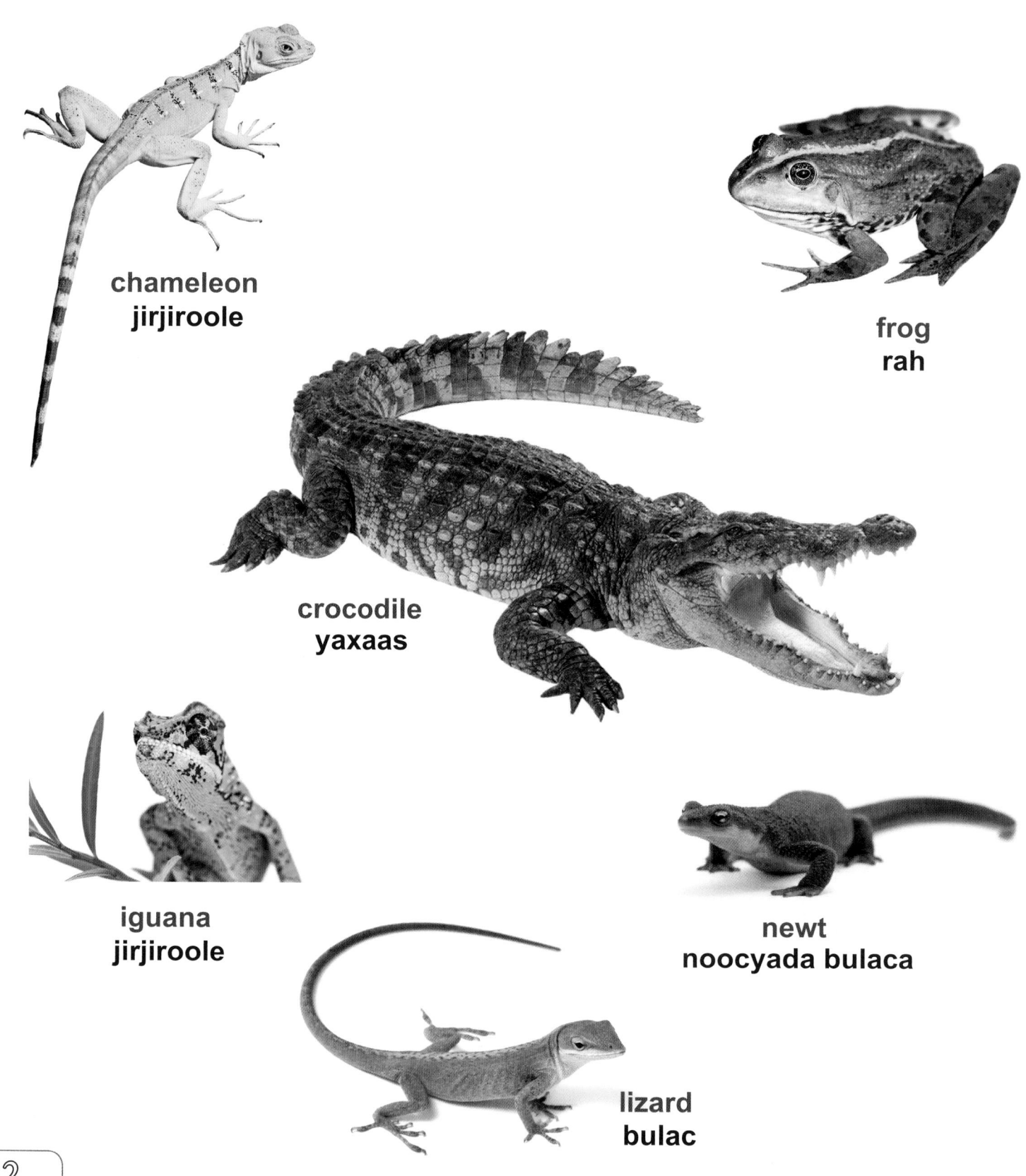

chameleon
jirjiroole

frog
rah

crocodile
yaxaas

iguana
jirjiroole

newt
noocyada bulaca

lizard
bulac

earthworm
gooryaan-dhuleed

salamander
nooc qoratada ah

snake
mas

tadpole
rah

toad
rah

tortoise
diin

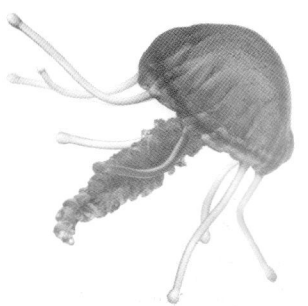

jellyfish
kalluunka jellyfish

crab
carsaanyo

crayfish
aar-goosato

dolphin
hoonbaro

lobster
aargoosato

whale
nibiri

fish
kalluun

octopus
octopus

penguin
xayawaanka penguin

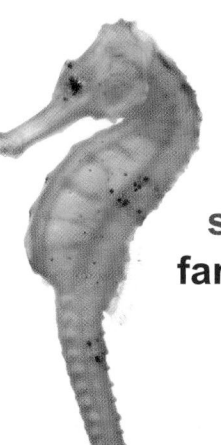

seahorse
faras badeed

seal
xayawaanka seal

shark
libaax-badeed

walrus
maroodi badeed

starfish
noole badda ku nool
oo u eg xiddig

turtle
diin badeed

seaweed
cawska bada

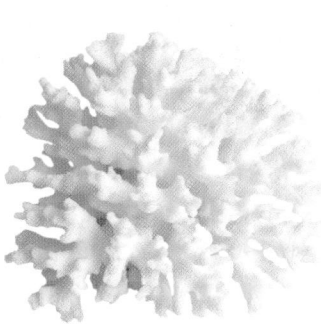

coral
geed-badeed

bat
fiid-meer

bear
xayawaanka beerka

koala
xayawaanka koala

polar bear
biir-baraf

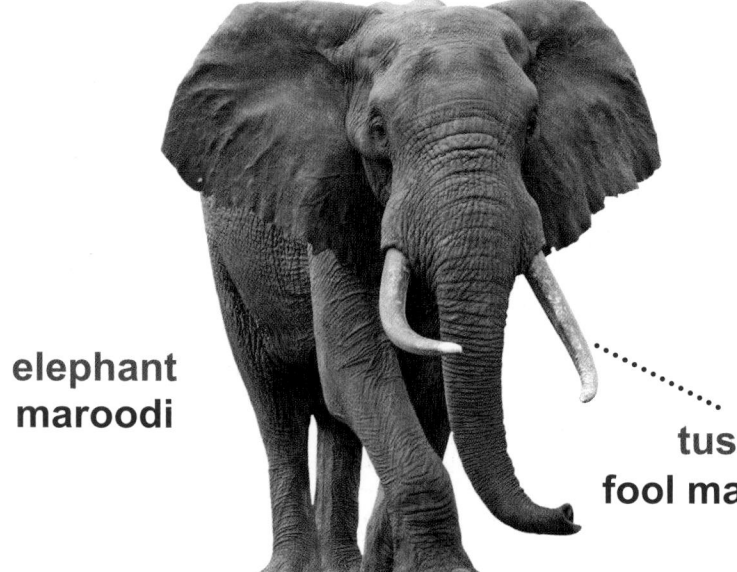

elephant
maroodi

tusk
fool maroodi

raccoon
dabacadeeye

chimpanzee
daanyeer

gorilla
daanyeerka gorilaha

giraffe
gari

skunk
xoor

fox
dawaco

wolf
yey

monkey
daayeer

cub
cagobaruur

mane
shaash

leopard
haramcad

lion
libaax

tiger
shabeel

llama
cannuuni

kangaroo
kangaruu

zebra
dameer farow

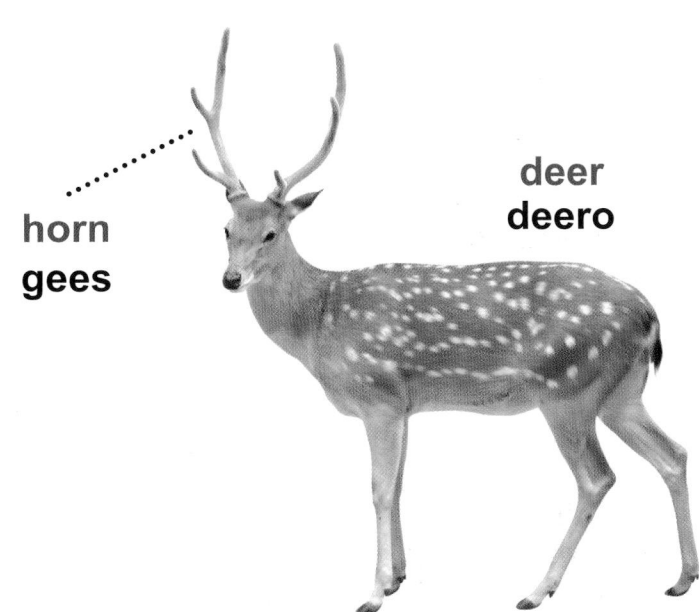

horn
gees

deer
deero

hippopotamus
jeer

fawn
sagaaro

panda
panda/biir

rhinoceros
wiyil

19

hedgehog
kuullay

mole
firinfir

squirrel
daba-gaalle

tail
sayn

mouse
jiir

rat
jiir

rabbit
bakayle

otter
xayawaan biyo iyo
beri ku noole ah

forehead
foolka

head
madax

hand
gacan

palm
sacab

arm
dhudhun

armpit
kilkisha

chest
xabadka

footprint
raad

waist
dhexda qofka

leg
lug

knee
jilib

thigh
bowdada

toe
faraha lugaha

foot
cag

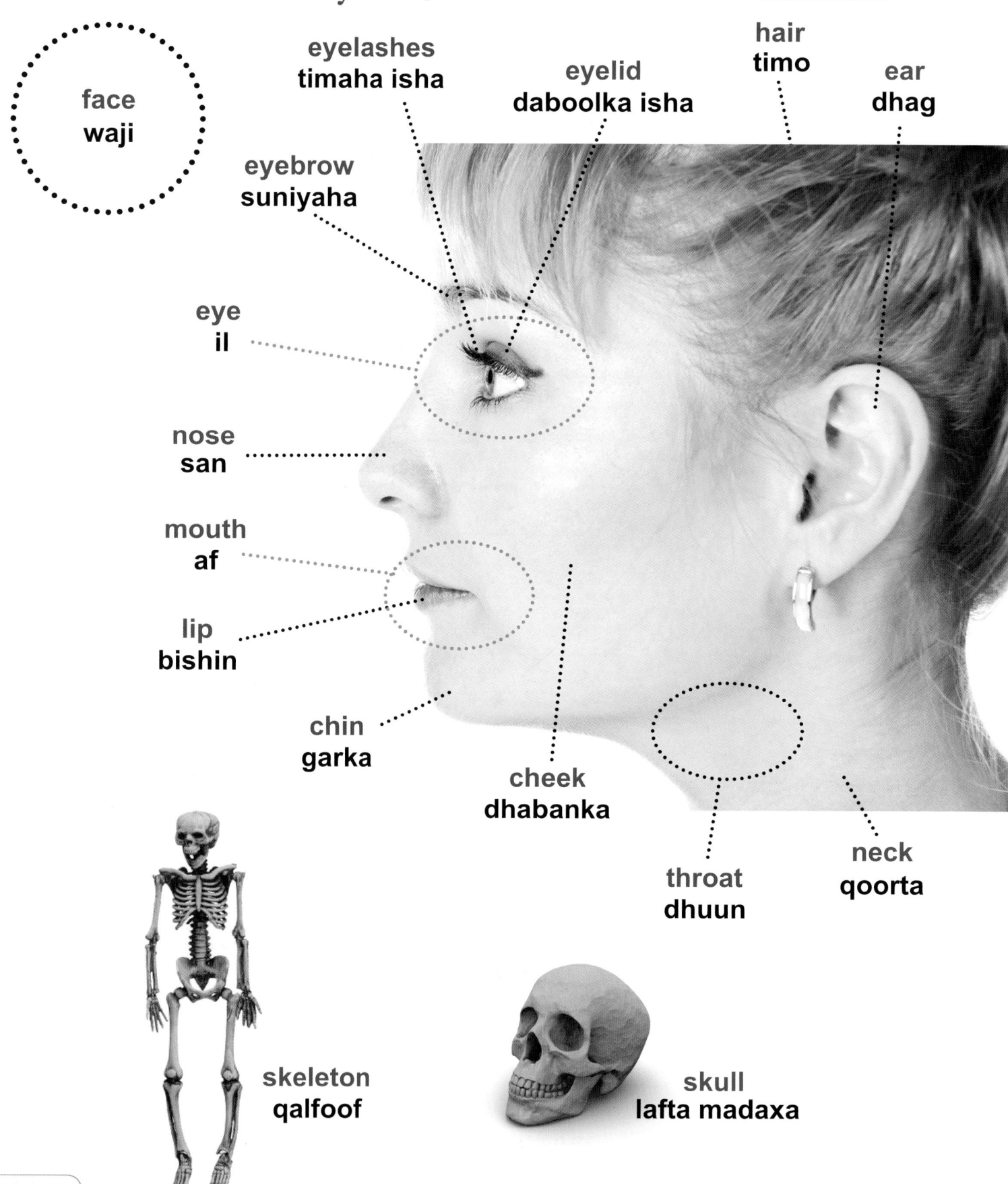

face
waji

eyelashes
timaha isha

eyelid
daboolka isha

hair
timo

ear
dhag

eyebrow
suniyaha

eye
il

nose
san

mouth
af

lip
bishin

chin
garka

cheek
dhabanka

throat
dhuun

neck
qoorta

skeleton
qalfoof

skull
lafta madaxa

shoulder
garab

elbow
suxul

navel
xuddunta

hip
sinta

shin
shanshada

calf
kubka

ankle
anqaw

heel
ciribta qofka

fingerprint
faro

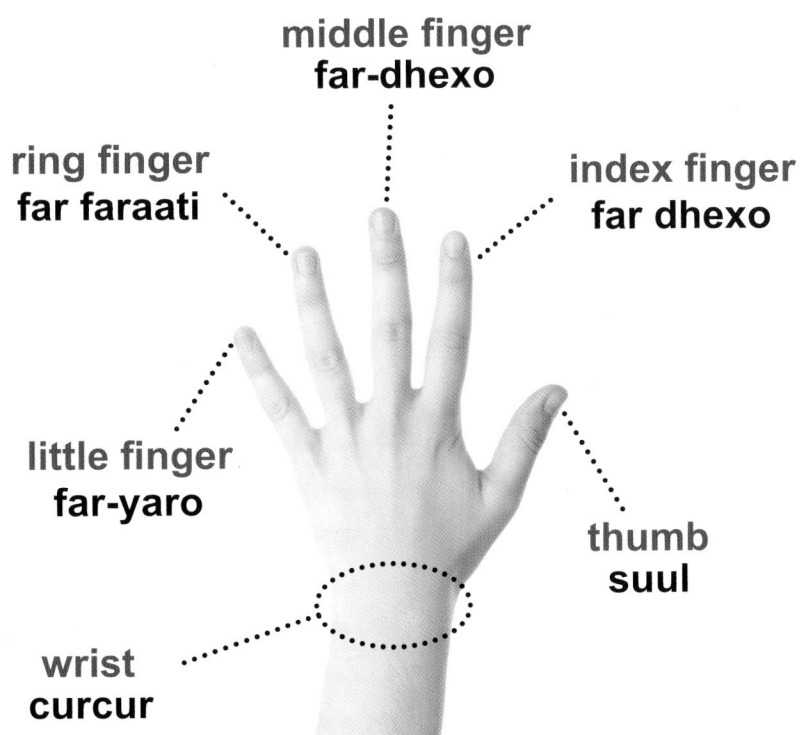

middle finger
far-dhexo

ring finger
far faraati

index finger
far dhexo

little finger
far-yaro

thumb
suul

wrist
curcur

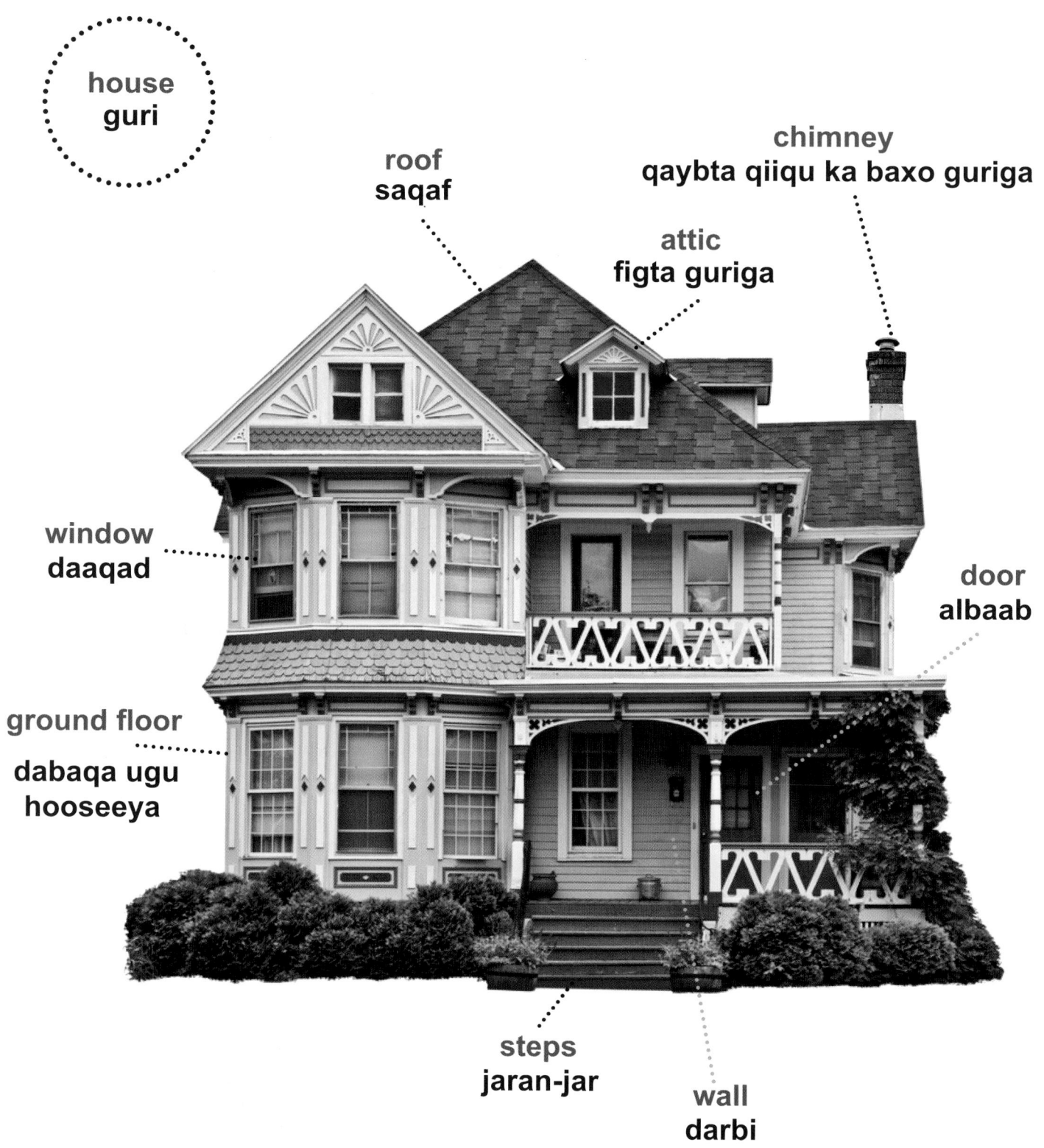

**house
guri**

**roof
saqaf**

**attic
figta guriga**

**chimney
qaybta qiiqu ka baxo guriga**

**window
daaqad**

**door
albaab**

**ground floor
dabaqa ugu hooseeya**

**steps
jaran-jar**

**wall
darbi**

ceiling
saqaf

curtain
daah

sofa
soofo

fireplace
meesha dabka laga shido

floor
dabaq

cushion
barkimada fadhiga

rocking chair
kursi lulma

armchair
kursi

folding chair
kursi laabma

carpet
kaarbet

pillow
barkin

sheet
go'

blanket
buste

bed
sariir

wardrobe
armaajada dharka

comforter
buste

rug
roog

towel
shukumaan

mirror
muraayad

shower
qubays

soap
saabuun

bathtub
tubada
qubayska

plumbing
dhuumaha
biyaha

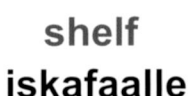

shelf
iskafaalle

toilet
suuli

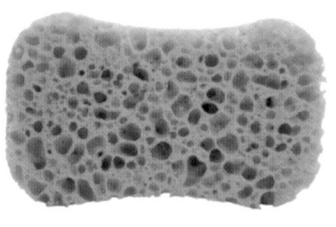

sponge
isbuunyo

toilet paper
waraaqaha suuliga

chair
kursi

dining table
kursiga cuntada

cabinet
armaajo

tableware
maacuun

stool
gambar

refrigerator
talaagad

pot
dhari

bowl
baaquli

pressure cooker
digsi koronto ku shaqeeya

frying pan
daawe

bottle
musaasad

glass
galaas

jar
dhalo ama jeeg

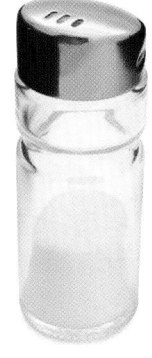

shaker
sheey cusbada
lagu shubo

jug
garaafo

knife
middidaa jikada

plate
saxan

fork
fargeeto

spoon
qaaddo

scale
miisan

sink
siinki

faucet
tubbo

cutting board
miis wax lagu dul jaro

juice extractor
miire

burner
shoolad

teapot
dhariga shaaha

teaspoon
qaadada shaaha

31

basket
dambiil

box
santuuq

broom
iskoobbe

bucket
baaldi

candle
shumac

clock
saacad

clothespin
dhar qabad

doormat
dacsad

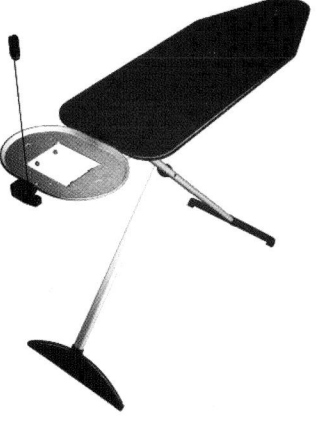

ironing board
miiska wax lagu
feereeyo

flowerpot
dhariga ubaxa

jerrycan
jiirigaan

vase
dhariga ubaxa

mop
masaxaad

sack
kiish/loor

air conditioner
qaboojiye

radiator
raayatoore

ceiling fan
marwaxadda saqafka

bedside lamp
nal sariirta dhinaceeda

desk lamp
nalka miiska la saaro

chandelier
laydhka

floor lamp
nalka dhulka

lamp
nal

toaster
qalab wax lagu dubo

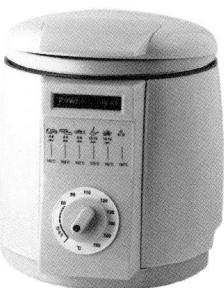

deep fryer
shiille

electric cooker
shoolad-koronto

oven
foorno

microwave oven
foornada microwave-ka

sewing machine
harqaan

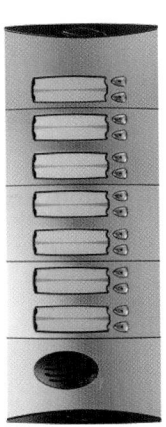

doorbell
gambaleel

food processor
cunto habeeye

blender
qalab qudradda lagu shiido iwm

electrical outlet
godka korontada

door handle
gacan-qabsiga albaabka

dishwasher
alaab dhaqe

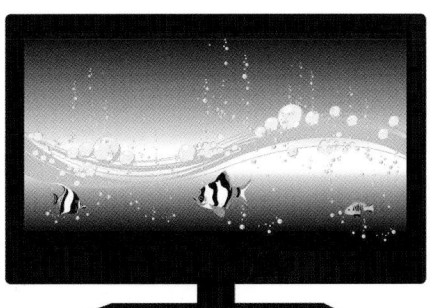

television
telefishin

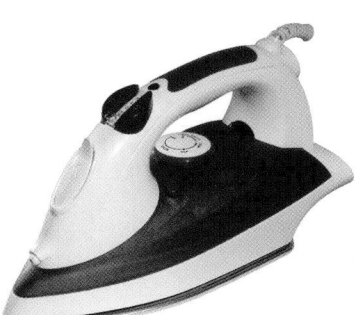

iron
feero

washing machine
mashiinka dhaqidda

vacuum cleaner
xaaqdo

dress
labis

suit
suudh

tracksuit
iskujooga
isboortiga

pocket
jeeb

bathrobe
shukumaanka qubayska

jumpsuit
dharka boodada

swimming trunks
daba-gaab lagu
dabaasho

swimsuit
dharka dabaasha

blouse
canbuur

cardigan
funaanad dulgashi

sweater
funaanad

shirt
shaati

t-shirt
garan

jeans
jiinis

shorts
dabagaab

skirt
goonno

trousers
surwaal

beret
koofiyad

cap
koofiyad

hat
koofiyad

bow tie
taayga

belt
suun

tie
taay

scarf
iskaaf

foulard
shalmad

glove
gacan gashi

flip-flops
dacas

slippers
dacas

sandal
kabaha sandalka

boots
buud

heel
ciribta kabta

sneakers
kabo isboorti ah

shoes
kabo

socks
sigsaan

shoelaces
xadhiga kabaha

diamond
dheeman

emerald
emeral

ruby
rubi

ring
faraanti

earrings
dhagadhago

necklace
silsilad

bracelet
jijin/barsaleeto

jewellery
majooharaad

watch
saacad

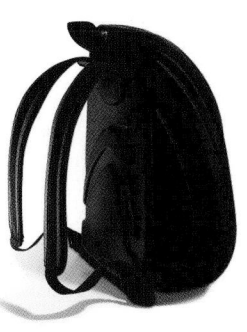

briefcase
shandad yar

badge
aqoonsi

backpack
boorsooyinka dhabarka

passport
baasaboor

shoulder bag
boorso garabka la surto

walking stick
bakoorad

suitcase
shandad

wallet
boorsada lacagta

purse
boorso

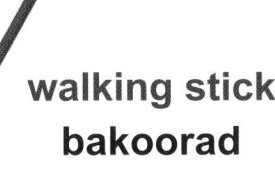

umbrella
dallad

43

clothes brush
burushka dharka

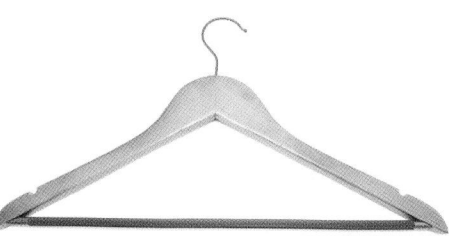

clothes hanger
birta dharka la suro

button
batoon

cloth
mara yar

ribbon
calal astaan ah

reel
bubada dunta

thread
dun

zipper
jinyeer

comb
shanlo

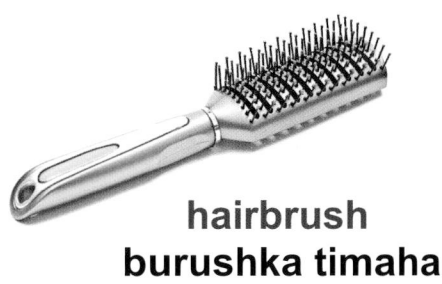

hairbrush
burushka timaha

perfume
cadar

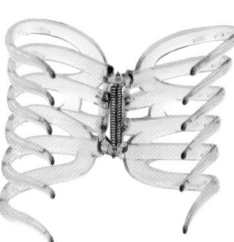

hairpin
bin timaha celiya

hair dryer
timo qalajiye

eye glasses
muraayadaha indhaha

sunglasses
ookiyaalka indhaha

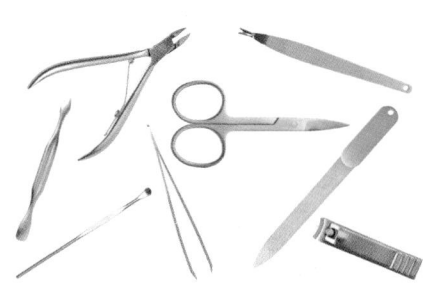

manicure set
qalab cidiyo-gur

nail file
cidiyo sime

tweezers
barqaab

nail clippers
cidiyo-jar

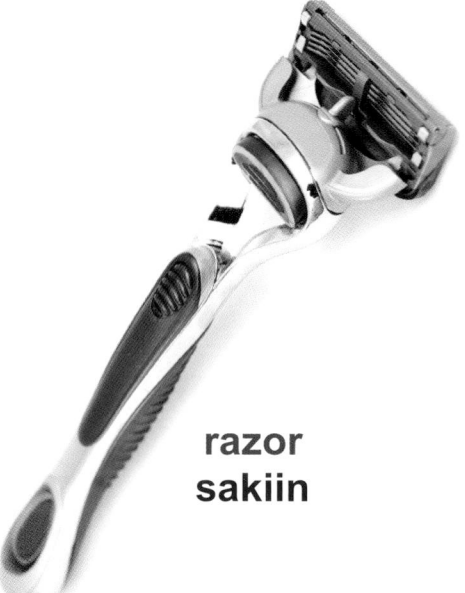

razor
sakiin

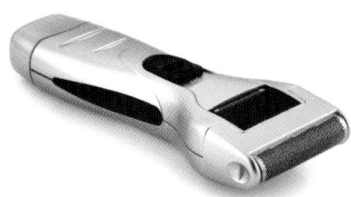

electric razor
sakiin koronto ah

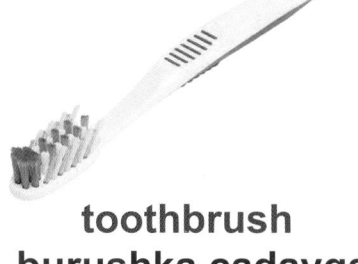

toothbrush
burushka cadayga

toothpaste
dawada cadayga

shaving brush
burushka xiirashada

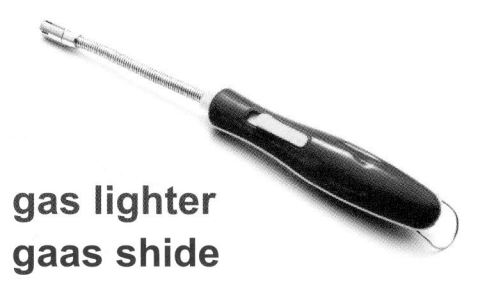

gas lighter
gaas shide

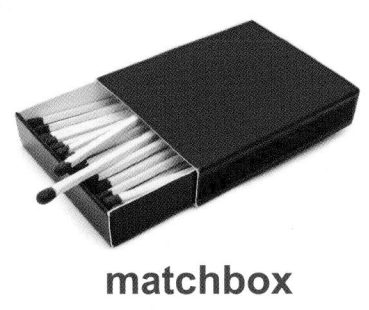

matchbox
santuuqa taraqa

key
fure

matchsticks
xabad taraq ah

sewing needle
irbada dharka

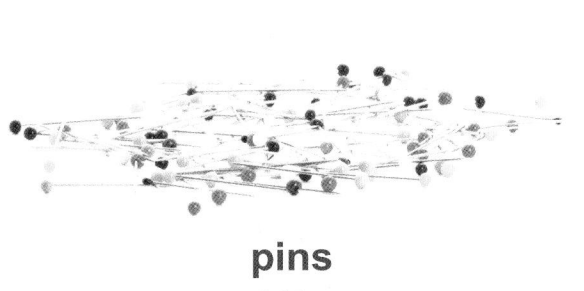

pins
biin

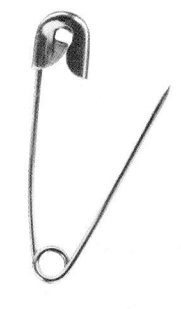

safety pin
biin

adjustable wrench
banaad

combination wrenches
kiyaawe

long-nose pliers
biinso af dheer

mole wrench
nooc biinso ah oo
tubooyinka loo
adeegsado

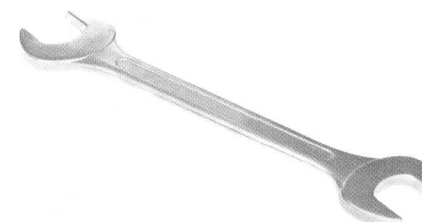

open ended wrench
kiyaawe

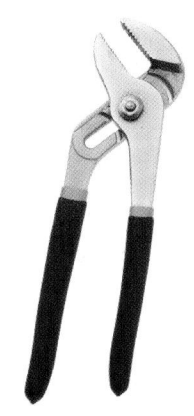

slip joint pliers
biinso

nut
daloolka boolka

toolbox
tool

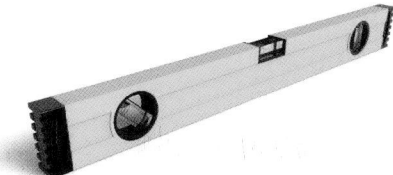

spirit level
hal-beeg cabiraad

battery
bateri

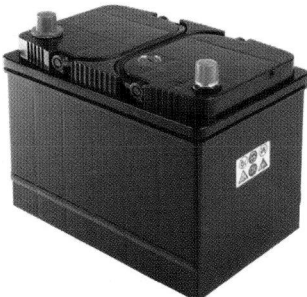

car battery
batari baabuur

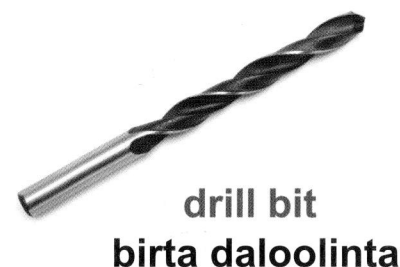

drill bit
birta daloolinta

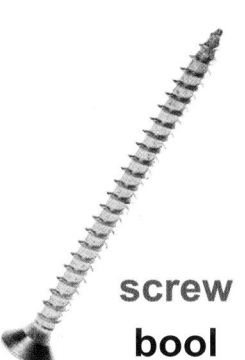

screw
bool

electric drill
dalooliye koronto ah

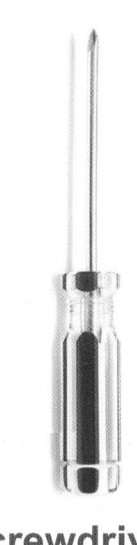

screwdriver
bool xire

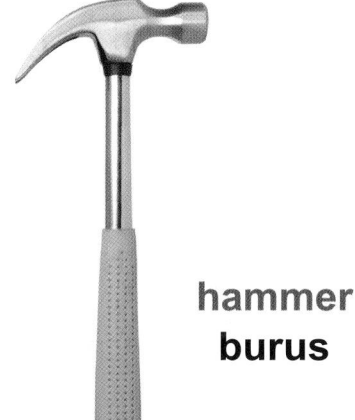

hammer
burus

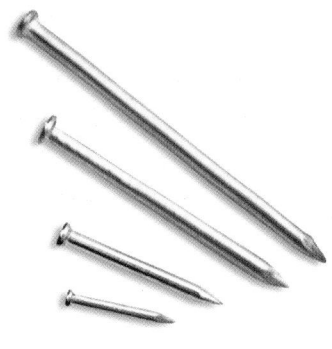

nail
musmaar

mallet
dube

chain
silsilad

fire extinguisher
dab damiye

safety helmet
koofi bir ah

padlock
quful

plug
bareeso

ladder
sallaan

torch
toosh

tape measure
cabir

axe
faas

chisel
qalab wax lagu jaro

handsaw
miinshaar

hose
tuunbada biyaha

rope
xarig

rake
fargeetada
qashinka

pickax
yaanbo

shovel
badeel

wheelbarrow
gaari gacan

51

answering machine
fariin-duubaha telefoonka

telephone
telefoon

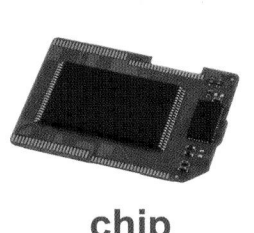

chip
jib

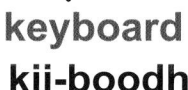

monitor
shaashad

computer
kompuyuutar

keyboard
kii-boodh

scanner
qalabka iskaanka

printer
daabace

52

newspaper
wargays

microphone
makarafoon

cable
kaybal

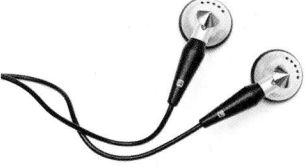

earphones
waayirada dhagaysiga

speaker
sameecad

radio
raadiyaw

video camera
kaamarada video-ga

supermarket
suuq wayne

checkout
hubiye

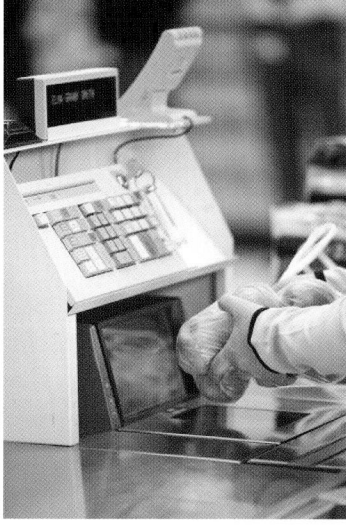

market
suuq

restaurant
maqaayad

**apple
tufaax**

appricot
abrikoot

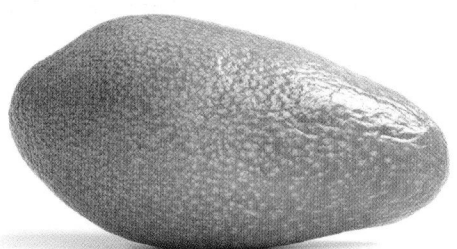

avocado
afokaado

**banana
muus/moos**

blackberry
blackberry

blueberry
blueberry

raspberry
**miraha la cuno ee
raspberry**

strawberry
Istaroobari

cherry
**miraha cherry-ga ee
la cuno**

55

grape
canab

kiwi
miraha kiwi

peach
furuutka peach

grapefruit
miraha canabka

mandarin
maandarin

orange
liin

melon
qare

watermelon
xabxab

pear
furuutka beeya

plum
nooc fruit ah

mango
cambe

pomegranate
rumaan

quince
nooc ka mid ah fruitka

pineapple
baaynabal

coconut
qumbe

corncob
sabuulka marka uusan
galayda lahayn

carrot
karooto

corn
sabul galay

garlic
tuun

lemon
liin

mushroom
mashruum

pepper
xayaaji

chili pepper
basbaas

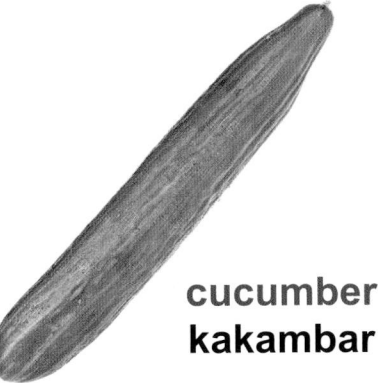

cucumber
kakambar

tomato
yaanyo

onion
basal

potato
bataati

pumpkin
bambikin

okra
baamiyaal

green bean
digirta cagaaran

peas
digir

artichoke
nooc khudaarta ah

asparagus
nooc qudrad ah

cauliflower
nooc ka mid ah qudaarta

broccoli
qudradda borokooli

cabbage
cabash

aubergine
bidingaal

marrow
khudrad xabxab u eg

turnip
qudrad basasha oo kale ah

celery
qudrad cagaaran

lettuce
ansalaato

spinach
isbiinaash

leek
qudrad u eg basal baarta

radish
xiddigka baggalka

spring onion
basal baar

dill
kamsaro

mint
caleenta mint

parsley
qadra-nacnac

flour
daqiiq

bread
rooti

crackers
nooc ka mid ah buskudyada

chocolate chip cookie
nooc buskud ah

slice of bread
cad rooti ah

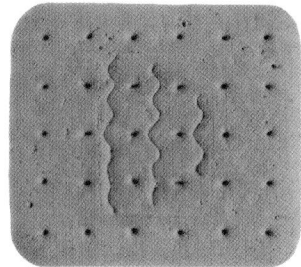

cookie
buskud

toast
dubid

pie
bur keeg ah

pizza
biiza

burger
beegar

sandwich
saanwij

cake
doolshe

pancakes
baan-keeg

almond
almoon

hazelnut
laws xuub adag ku jira

chestnut
dhoocil

pistachio
nooc lows ah

peanut
loos

walnut
lows xuub adag ku jira

chicken
digaag

ground beef
duqad

sausage
sooseej

steak
isteek/buskeeti

fish
kalluun/malaay

yolk
qaybta dhexe ee ukunta
ee midabka hurdiga ah leh

egg
ukun

pasta
baasto

rice
bariis

lentils
lentil

beans
digir

oil
saliid

olive oil
saliida saytuun

canned food
cunto qasacadaysan

olive
saytuun

honey
malab

salad
ansalaato

salt
cusbo

black pepper
filfil

French fries
bataati

snacks
carasiyo

soup
maraq

candies
nacnac

breakfast
quraac

sugar
sonkor

chocolate
shukulaato

dessert
macmacaan

ice cream
jallaato

popcorn
daango

**butter
subag**

**cheese
farmaajo**

**cream
kareem**

**milk
caano**

**yogurt
yoogar**

coffee
cofii

fruit juice
cabitaanka la miiro

lemonade
lemooneed

orange juice
cabitaan liin

water
biyo

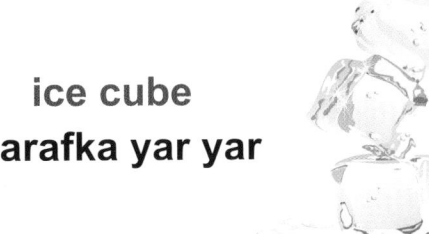

ice cube
barafka yar yar

tea
shaah

windscreen
muraayadda hore ee baabuurka

car
baabuur

hood
kawarka baabuurka

spoke
kushineeto

tire
taayar

fender
bambarka gaariga

headlight
indhaha baabuurka

trunk
qaybta dambe ee gaariga

steering wheel
isteerin

gas cap
daboolka shidaalka gaariga

engine
matoor

windscreen wipers
weebarta

minivan
bas van ah oo yar

van
faan

pickup truck
xaajiyad

camper van
van dalxiis

dump truck
gaariga qashinka

truck
gaadhi

transporter
baabuur wayn

tow truck
gaari baabuurta jiida

bulldozer
baldoozar

digger truck
cagacagafta qodida

forklift
qalab alaabta culus qaada

tractor
cagaf-cagaf

fire truck
baabuurka dab-damiska

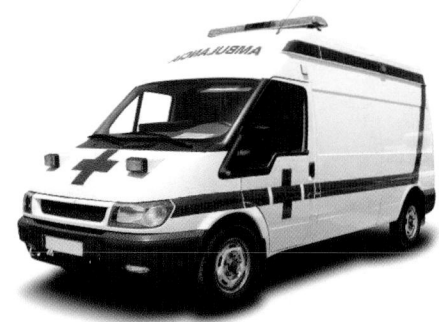

ambulance
ambalaas

police car
baabuur booliis

race car
baabuur tartan

bicycle
baaskil

saddle
koore

handlebars
gacmaha baaskiilka

wheel
shaag ama lug

brake
bareeg/fariin

pedal
badeelle

scooter
mooto

motorcycle
mooto

traffic light
nalka baabuurta
kala haga

stroller
gaariga caruurta
lagu riixo

rollerblade
kabo taayiro leh

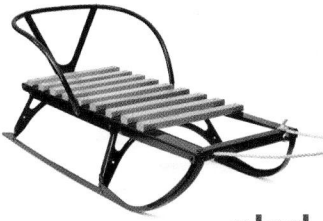

sled
ri la jiido sida meelaha
barafka ah

airplane
diyaarad

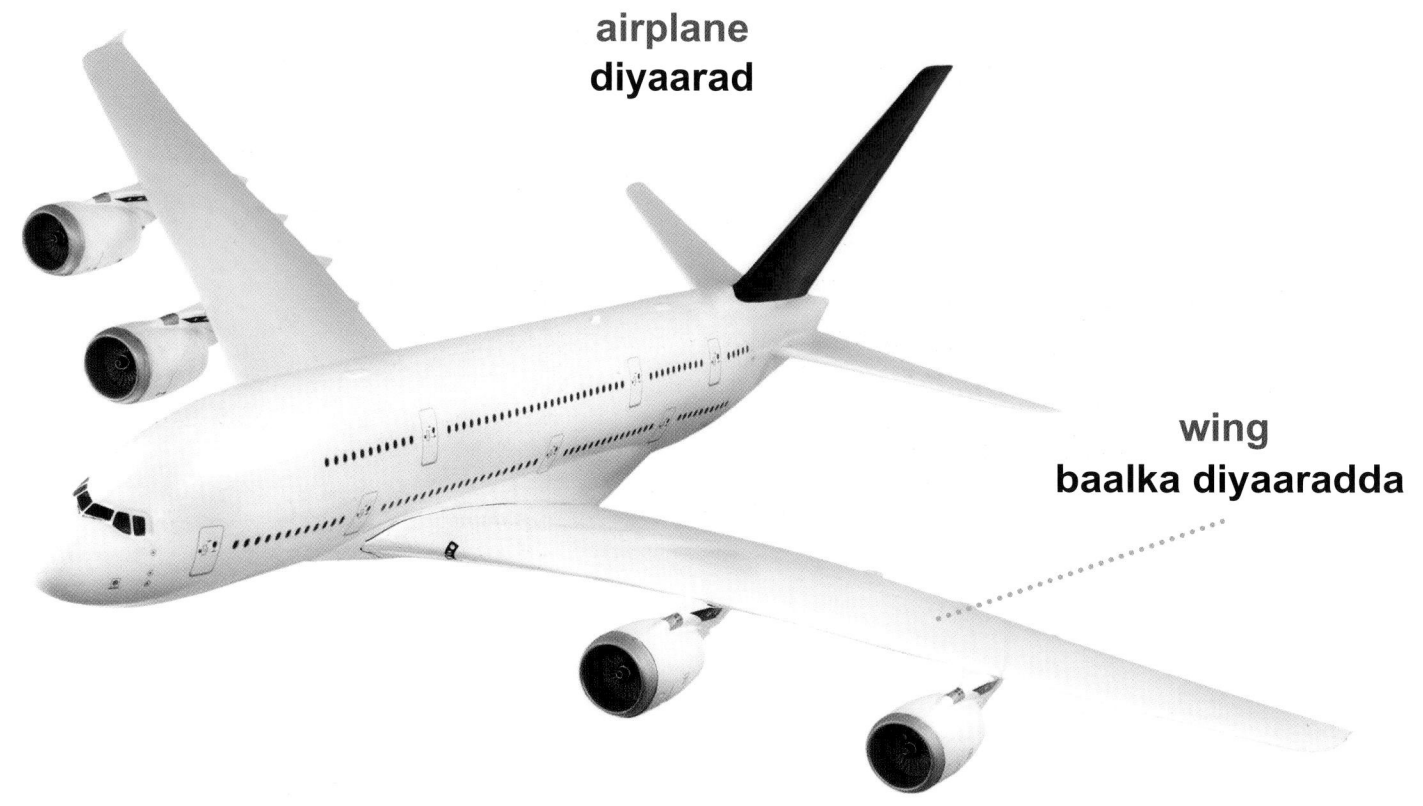

wing
baalka diyaaradda

helicopter
helikabter

flight deck
shirka diyaaradda

wagon
gaariga la jiido

streetcar
taraam

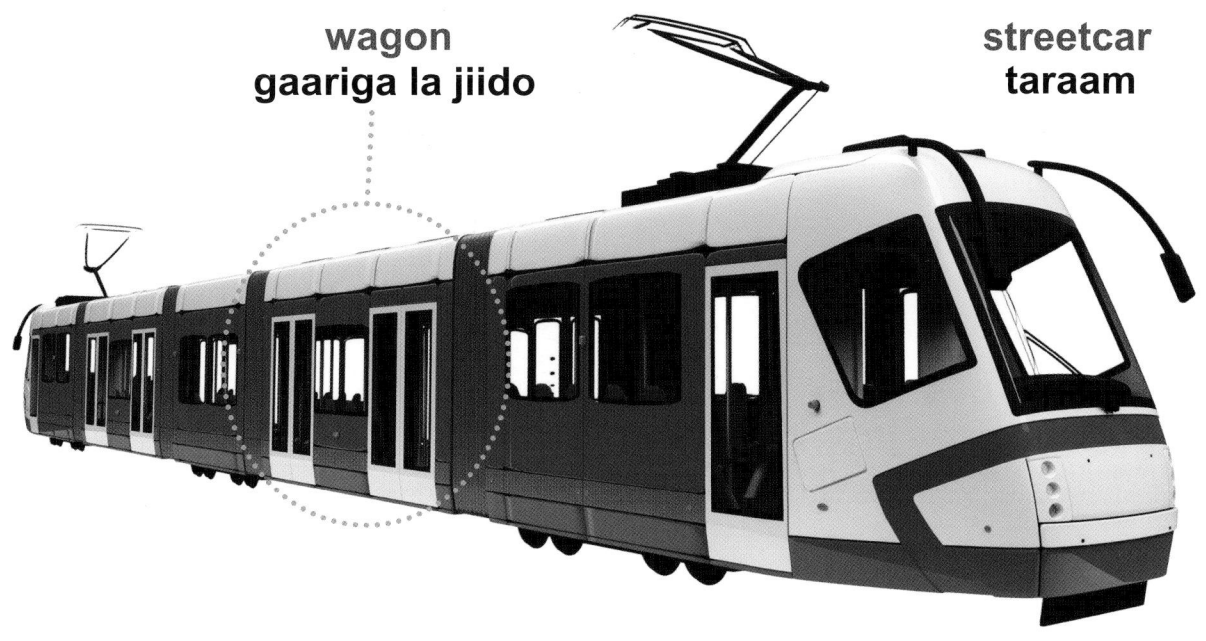

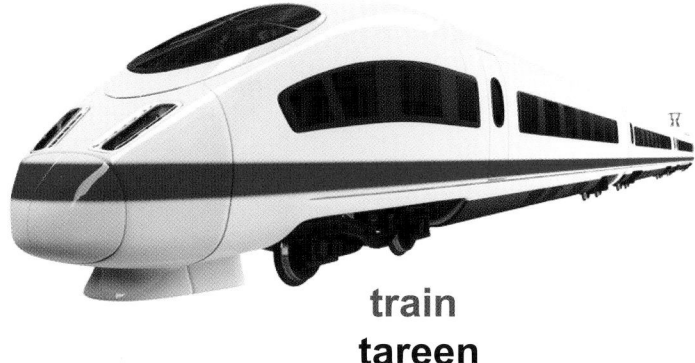

train
tareen

bus
bas

underground
dhulka hoose

container ship
markab xamuul

container
konteenar

cruise ship
markab-dalxiis

deck
dusha markabka

yacht
doon raaxo

ship
markab

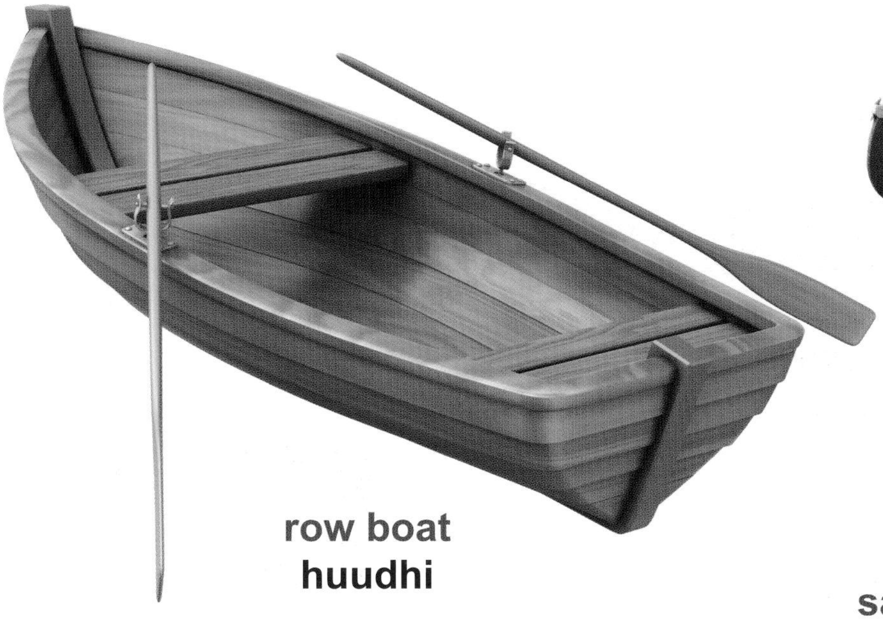

canoe
doonta seebka

row boat
huudhi

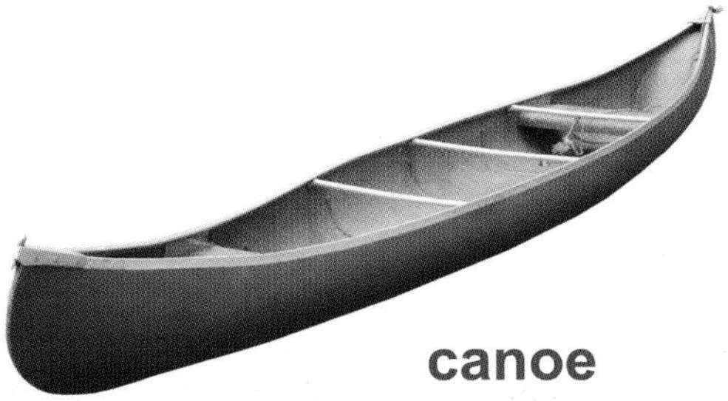

sail
shiraacas

sailboat
doon shiraac leh

jet ski
mootada biyaha

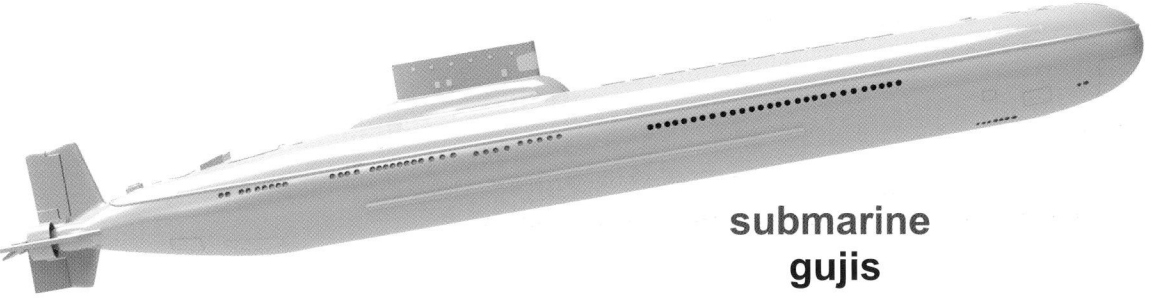

submarine
gujis

airport
garoon diyaaradeed

passenger terminal
barxada rakaabka diyuurada

bus stop
boosteejada baska

crosswalk
halka wadada laga talaabo

sidewalk
dhinac dadku ku socdaan

street
waddo

road
waddo

highway
haywayga

traffic
baabuur

garage
garaash

gas station
xarun shidaal

gas pump
mashiinka baatroolka

bridge
buundo

pier
biriish-badeed

port
deked

railroad station
saldhigga tareenka

railroad track
qadka tareenka

tunnel
dhuun

begonia
ubaxa begonia

**bud
curdan**

camellia
camellia

cotton
suuf

daisy
ubax

fuchsia
nooc ubax ah

carnation
ubax carnation

gardenia
nooc ubax ah

geranium
nooc ubax ah

hyacinth
ubaxa buluugga ah

jonquil
nooc ubax ah

iris
ubaxa iris

jasmine
nooc ubax ah

lavender
caleemo udgoon

lilac
nooc ubax ah

magnolia
ubaxa magnolia

moss
cagaar

narcissus
nooc ubax ah

nettle
geed carfa

poppy
ubax cas

weed
harame

snapdragon
nooc ubax ah

orchid
nooc ka mid ah ubaxa

water lily
ubax biyaha ka soo baxa

snowdrop
ubax ka soo baxa barafka

rose
ubaxa rose-ka

tulip
nooc ubax ah

85

sunflower
gabal-daye

palm tree
geed timir

vineyard
dhul beereed

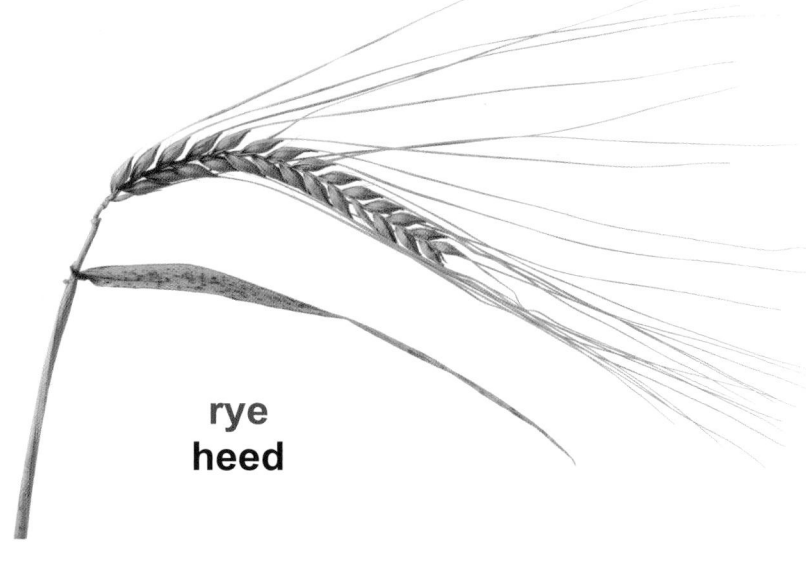

rye
heed

oats
khamadi

pine cone
qoone

wheat
qamadi

cactus
tiitiin

grass
caws

root
xiddid

bush
duur

stem
jirida geedka

tree
geed

leaf
laan

petal
**qaybta sare ee ubaxa
ee midabada leh**

garden
beer

wood
alwaax

field
xero

log
jiridda geedaha siiba
marka la jaro

harvest
miraha beeraha ka soo go'a

hay
cawska

beach
xeeb

coast
xeeb

island
jasiirad

sand
ciid

ocean
badwayn

marsh
batak dhul dhiiqo ah lık

lake
harro

river
wabi

pebbles
dhagax-dixeed

stream
dooxo

waterfall
biya dhac

desert
saxaraaga

layer
is dulyaal

 **stone**
dhagax

clay
dhoobo

hill
meel saraysa

mountain
buur

**jungle
hawd**

**forest
kayn**

**soil
ciid**

**cliff
cirif**

**path
waddo**

**valley
dooxo**

cave
hog buureed

rocky landscape
meel dhagaxyo leh

rock
dhagax

coal
dhuxul

slope
cirif

volcano
folkaano

avalanche
baraf dhalaal

snow
baraf

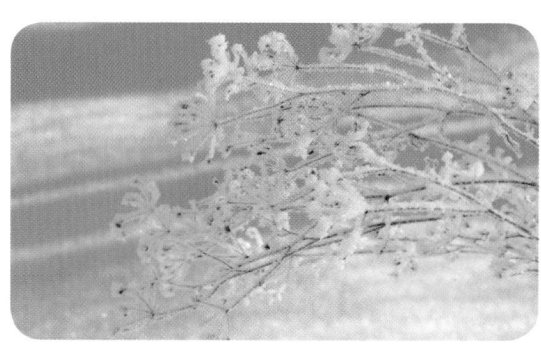

frost
dhedo

icicle
baraf fiiqfiiqan

hail
jineestiko

cloud
daruur

lightning
biriq

tornado
ufo tornaado

rain
roob

fog
ceeryaamo

flood
daad

wind
dabayl

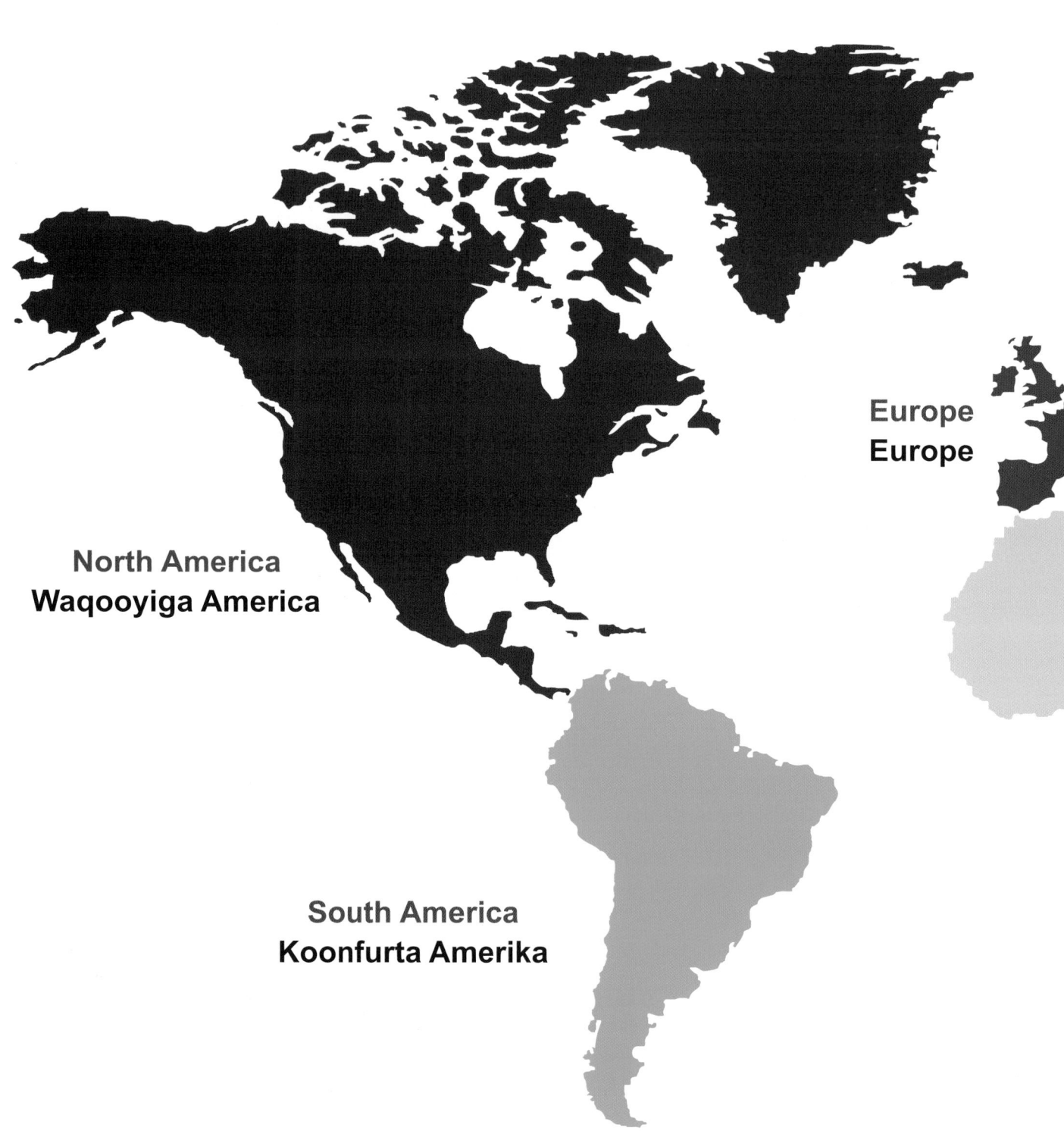

Europe
Europe

North America
Waqooyiga America

South America
Koonfurta Amerika

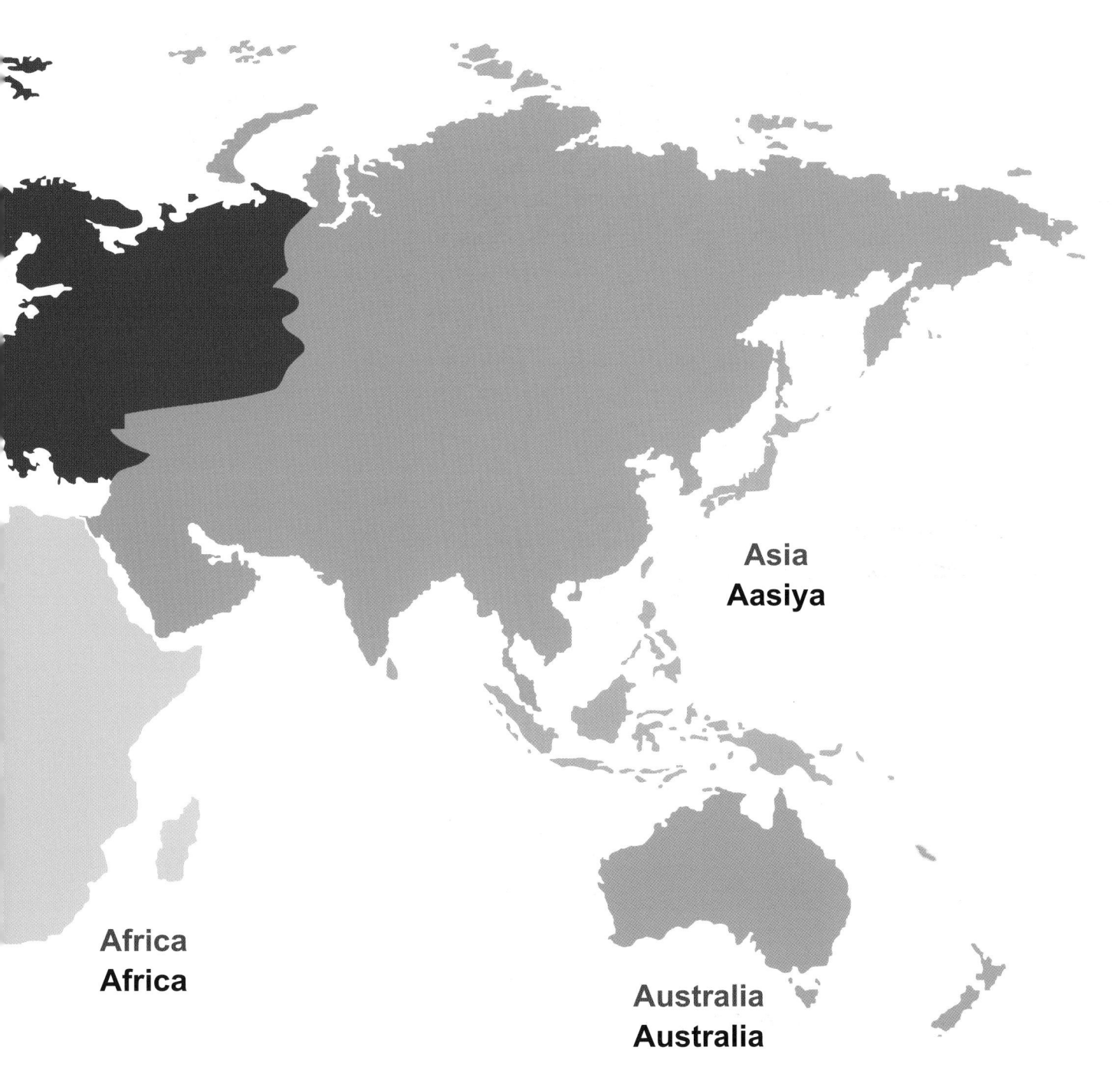

Asia
Aasiya

Africa
Africa

Australia
Australia

Earth
Dhul

Moon
Dayax

Sun
Qorax

Saturn
Meeraha Satuun

Venus
Dhulmeeraha Fiinas

Uranus
Dhulmeeraha Yuraanas

Jupiter
Dhul meeraha Jupiter

Mars
Dhul meeraha Mars

Mercury
Dhulmeeraha Mercury

Neptune
Dhulmeeraha Nebtuun

galaxy
gaalaksi

Milky Way
gaalaksiga Milkway

space
hawada sare

satellite dish
diish

astronaut
cirbixiye

space shuttle
dayax-gacmeed

space station
xarun dayax-gacmeed

canal
kanaal

dam
biya xireen

wave
mawjad

watermill
waadaan

countryside
baadiye

puddle
dhiijan

mud
dhiiqo

disaster
dhibaato

earthquake
dhul-gariir

fire
dab

flame
holac

ember
dhimbiil

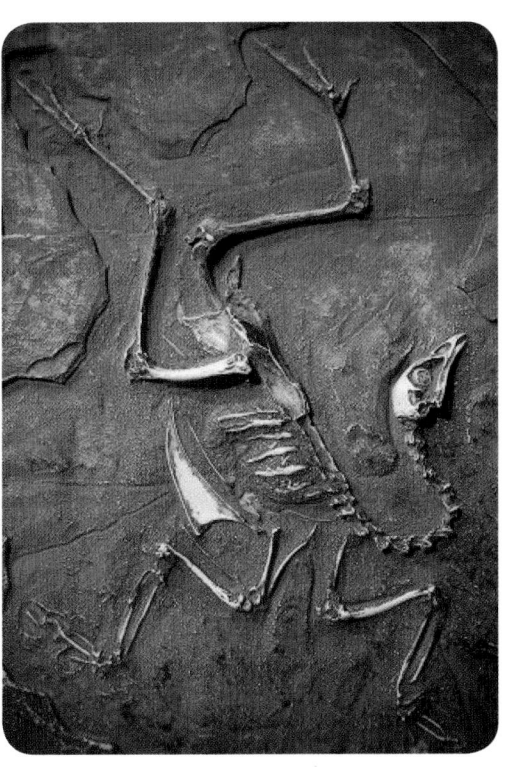

fossil
galfoof

American football
kubadda cagta
Maraykanka

athletics
cayaaraha fudud

archery
kooxda falaaraha

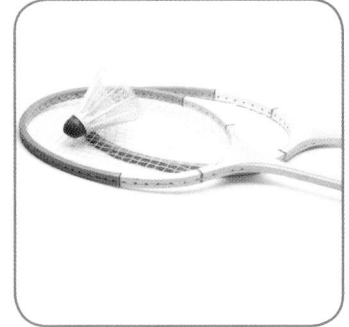

badminton
cayaarta badminton

cricket
cayaarta cricket-ka

weightlifting
culays qaad

cycling
tartanka baaskiilka

basketball
cayaarta baaskitka

diving
tiinbasho

baseball
ciyaarta basebalka

judo
sabaaxad

hand gliding
diyaarad yar oon matoor lahayn

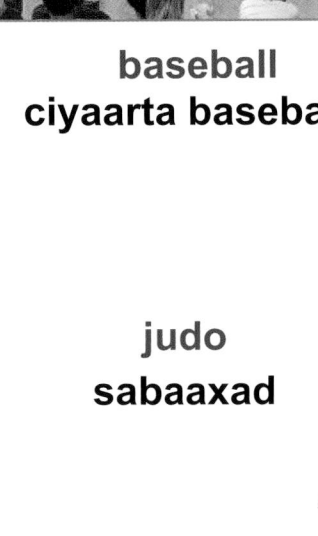

taekwondo
cayaarta taekwondo

wrestling
lagdin

103

fencing
seeftanka

handball
kubadda gacanta

high jump
boodada sare

golf
golf

hurdles
jid-gooyo

horse racing
tartanka faraska

horse riding
farda fuul

javelin
waran-tuur

mountaineering
buuro fuul

marathon
orodka marathonka

volleyball
cayaarta foolibool

rafting
adeegsiga huudhiga

rowing
wadida huudhiga

sailing
tartanka doomaha shiraaca

water skiing
biyo-ku taraarax

skiing
baraf ku taraarixid

snowboarding
cayaaraha barafka

ice hockey
xeegada barafka

speed skating
tartanka xawaaraha orodka ee barafka

soccer
kubad cag

stadium
garoonka

table tennis
kubadda miiska

tennis
teenis

swimming pool
barkadda dabaasha

swimming
dabaal

water polo
kubadda biyaha

compass
jiheeye

sleeping bag
boorso la dhex seexdo

stopwatch
saacad la istaajin karo ee orodka loo adeegsado inta badan

tent
teendho

canvas
kanfas

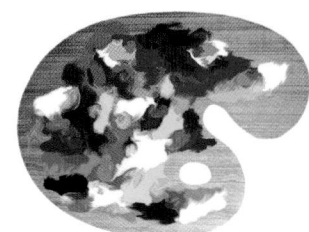

palette
alwaax loo isticmaalo
isku darka midabka

picture
sawir

picture frame
sawir haye

easel
barkinka sawir-gacmeedka

bust
sanam

statue
sanab

DONATELLO

audience
dhagaystayaal

auditorium
fadhiga daawadayaasha

ballet
dhaanwiga baalee

cinema
shineemo

concert
riwaayad

museum
matxaf

orchestra
koox musik tunta

theater
tiyaatar

stage
masrax

acoustic guitar
gitaar

mandolin
qalabka muusiga ee mandolin

banjo
gitaarka banjo

electric guitar
gitaar koronto ah

balalaika
kabanka balalaika

harp
qalab muusig oo gitaarka u eg

accordion
accordion

piano
piano

harmonica
siidhi-muusigah

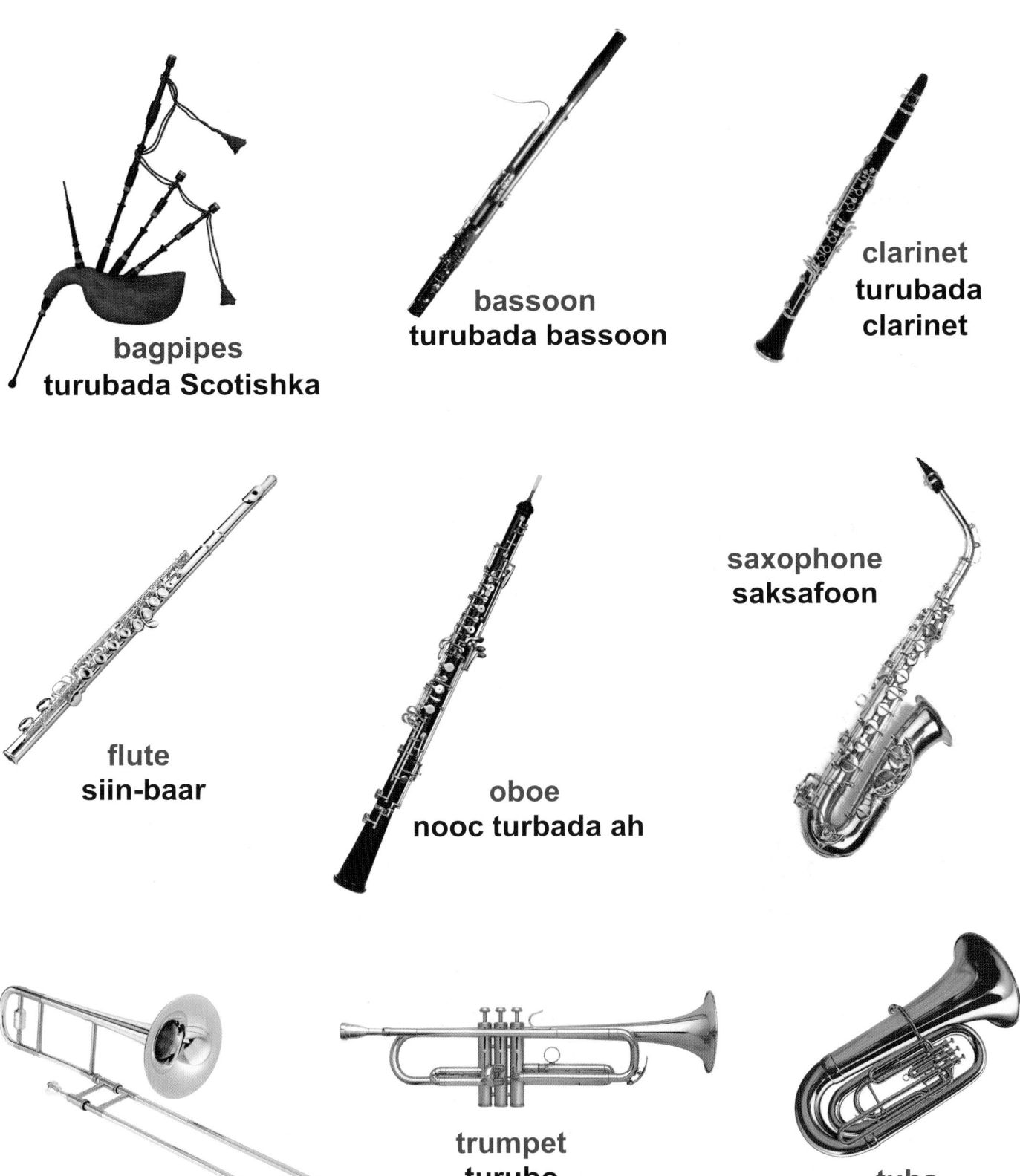

bagpipes
turubada Scotishka

bassoon
turubada bassoon

clarinet
turubada
clarinet

flute
siin-baar

oboe
nooc turbada ah

saxophone
saksafoon

trombone
saksofaan

trumpet
turubo

tuba
turubo

bass drum
durbaanka base-ka ah

drumsticks
ulaha durbaanka

cymbal
suxuunta muusiga

drum kit
qalab durbaan

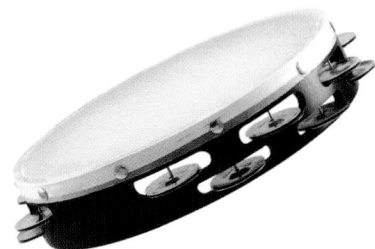

tambourine
daf

snare drum
nooc durbaan ah

timpani
durbaan

cello
nooc ka mid ah
gitaarka

double bass
gitaar laba baysle ah

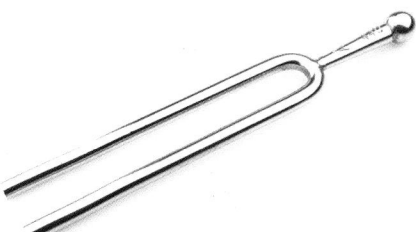

violin
faayoliin

music stand
meesha la saarto
qoraalka muusiga la
garaacayo

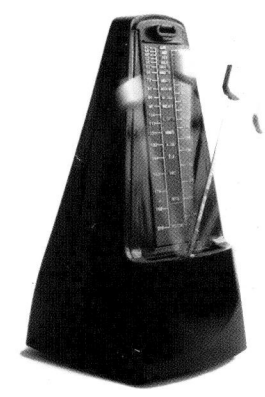

metronome
wakhti-calaameeye
muusik ah

tuning fork
qalab laba gan leh
oo dhawaq muusig
sameeya

minute hand
mirir-sheeg (usha yare ee saacada ku taal siiba ta miridhada sheegta)

hour hand
saacad-sheeg (usha yare e saacada ku taal siiba ta saacadaha sheegta)

second hand
sekon-sheeg (usha yar ee saacada ku taal siiba ta sekonada sheegta)

one o'clock
kowdii

half past one
kowdii iyo bar

quarter past one
kowdii iyo rubuc

quarter to two
labadii oo rubuc la'

week
todobaad

2013

year
sanad

January

Sun	Mon	Tue	Wed	Thu	Fri	Sat
30	31	1	2	3	4	5
6	7	8	9	10	11	12
13	14	15	16	17	18	19
20	21	22	23	24	25	26
27	28	29	30	31	1	2
3	4	5	6	7	8	9

February

Sun	Mon	Tue	Wed	Thu	Fri	Sat
27	28	29	30	31	1	2
3	4	5	6	7	8	9
10	11	12	13	14	15	16
17	18	19	20	21	22	23
24	25	26	27	28	1	2
3	4	5	6	7	8	9

March

Sun	Mon	Tue	Wed	Thu	Fri	Sat
24	25	26	27	28	1	2
3	4	5	6	7	8	9
10	11	12	13	14	15	16
17	18	19	20	21	22	23
24	25	26	27	28	29	30
31	1	2	3	4	5	6

April

Sun	Mon	Tue	Wed	Thu	Fri	Sat
31	1	2	3	4	5	6
7	8	9	10	11	12	13
14	15	16	17	18	19	20
21	22	23	24	25	26	27
28	29	30	1	2	3	4
5	6	7	8	9	10	11

May

Sun	Mon	Tue	Wed	Thu	Fri	Sat
28	29	30	1	2	3	4
5	6	7	8	9	10	11
12	13	14	15	16	17	18
19	20	21	22	23	24	25
26	27	28	29	30	31	1
2	3	4	5	6	7	8

June

Sun	Mon	Tue	Wed	Thu	Fri	Sat
26	27	28	29	30	31	1
2	3	4	5	6	7	8
9	10	11	12	13	14	15
16	17	18	19	20	21	22
23	24	25	26	27	28	29
30	1	2	3	4	5	6

month
bil

fortnight
laba todobaad

July

Sun	Mon	Tue	Wed	Thu	Fri	Sat
30	1	2	3	4	5	6
7	8	9	10	11	12	13
14	15	16	17	18	19	20
21	22	23	24	25	26	27
28	29	30	31	1	2	3
	5	6	7	8	9	10

August

Sun	Mon	Tue	Wed	Thu	Fri	Sat
28	29	30	31	1	2	3
4	5	6	7	8	9	10
11	12	13	14	15	16	17
18	19	20	21	22	23	24
25	26	27	28	29	30	31
1	2	3	4	5	6	7

September

Sun	Mon	Tue	Wed	Thu	Fri	Sat
1	2	3	4	5	6	7
8	9	10	11	12	13	14
15	16	17	18	19	20	21
22	23	24	25	26	27	28
29	30	1	2	3	4	5
6	7	8	9	10	11	12

October

Sun	Mon	Tue	Wed	Thu	Fri	Sat
29	30	1	2	3	4	5
6	7	8	9	10	11	12
13	14	15	16	17	18	19
20	21	22	23	24	25	26
27	28	29	30	31	1	2
3	4	5	6	7	8	9

November

Sun	Mon	Tue	Wed	Thu	Fri	Sat
27	28	29	30	31	1	2
3	4	5	6	7	8	9
10	11	12	13	14	15	16
17	18	19	20	21	22	23
24	25	26	27	28	29	30
1	2	3	4	5	6	7

December

Sun	Mon	Tue	Wed	Thu	Fri	Sat
1	2	3	4	5	6	7
8	9	10	11	12	13	14
15	16	17	18	19	20	21
22	23	24	25	26	27	28
29	30	31	1	2	3	4
5	6	7	8	9	10	11

decade
toban sano

century
qarni

1000 YEARS

millennium
kun sano

spring
xilliga gu'ga

summer
xagaa

fall
dayr

winter
jiilaal

sunrise
qorax soo bax

dawn
waabari

dusk
maqrib

evening
maqrib

night
habeen

midnight
saq-dhexe

classroom
fasal

desk
miis shaqo

library
laaybareeri

blackboard
sabuurad/daabuur

playground
garoon

lesson
cashar

sandpit
carro tuur

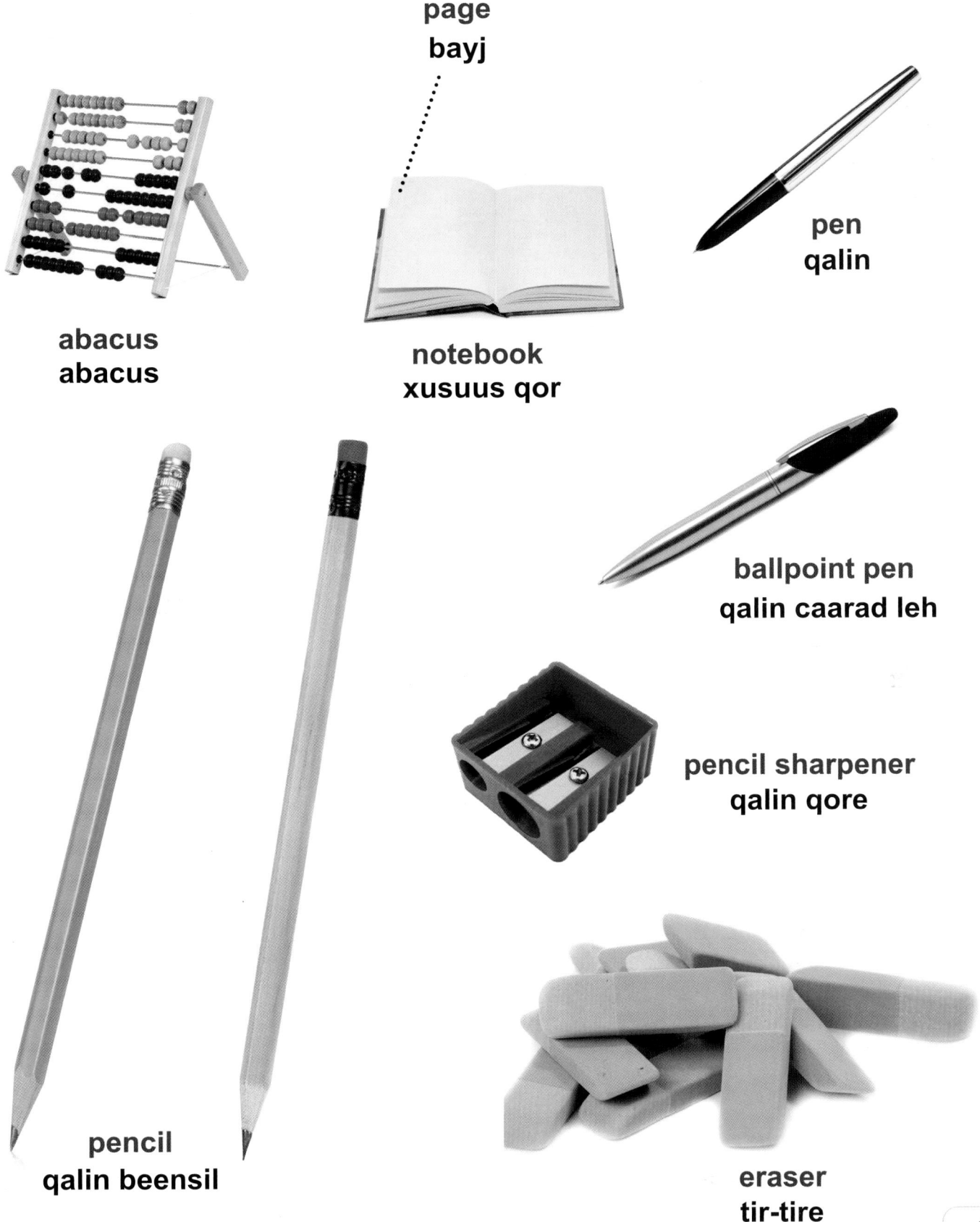

page
bayj

abacus
abacus

notebook
xusuus qor

pen
qalin

ballpoint pen
qalin caarad leh

pencil sharpener
qalin qore

pencil
qalin beensil

eraser
tir-tire

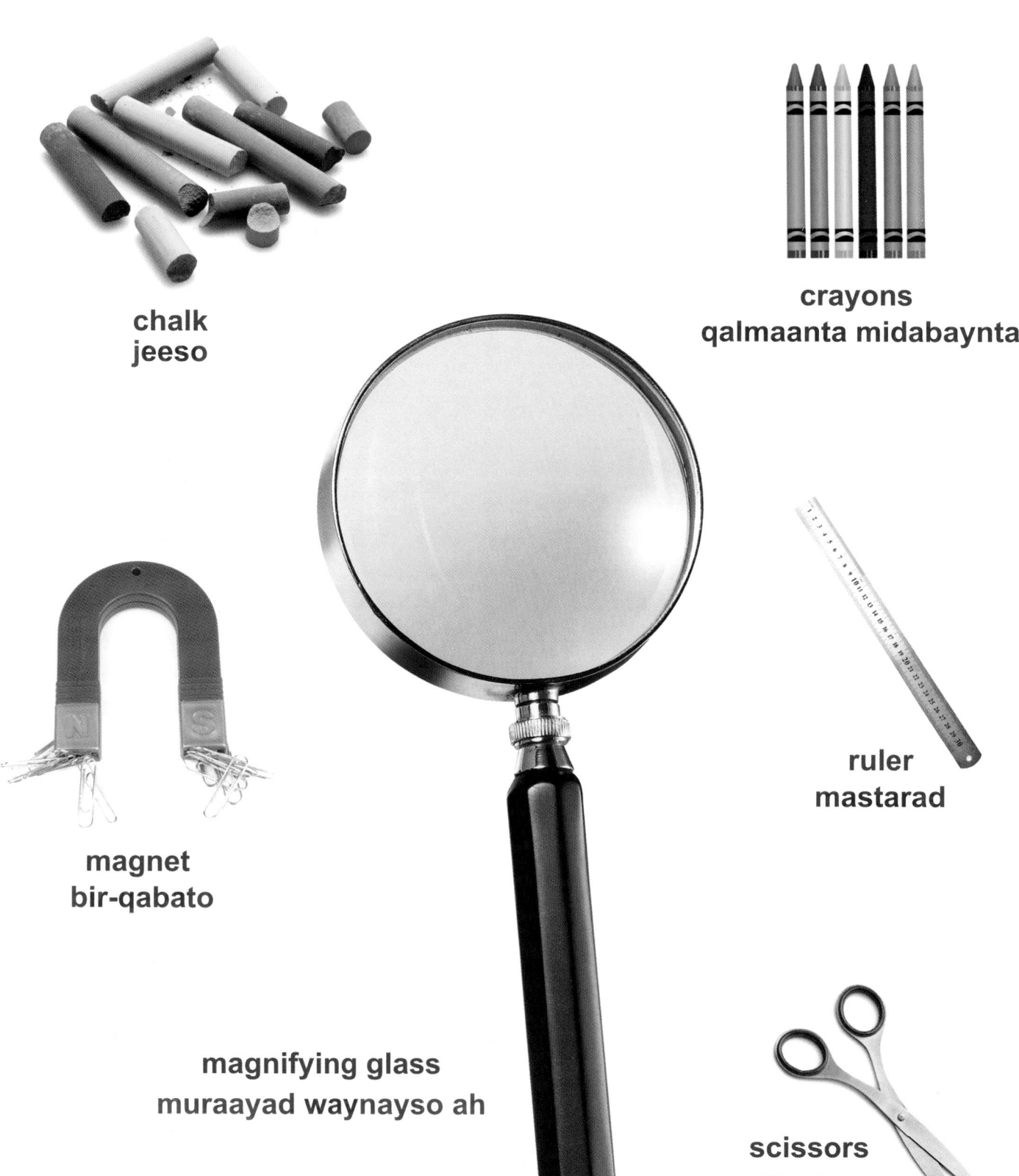

chalk
jeeso

crayons
qalmaanta midabaynta

ruler
mastarad

magnet
bir-qabato

magnifying glass
muraayad waynayso ah

scissors
maqas

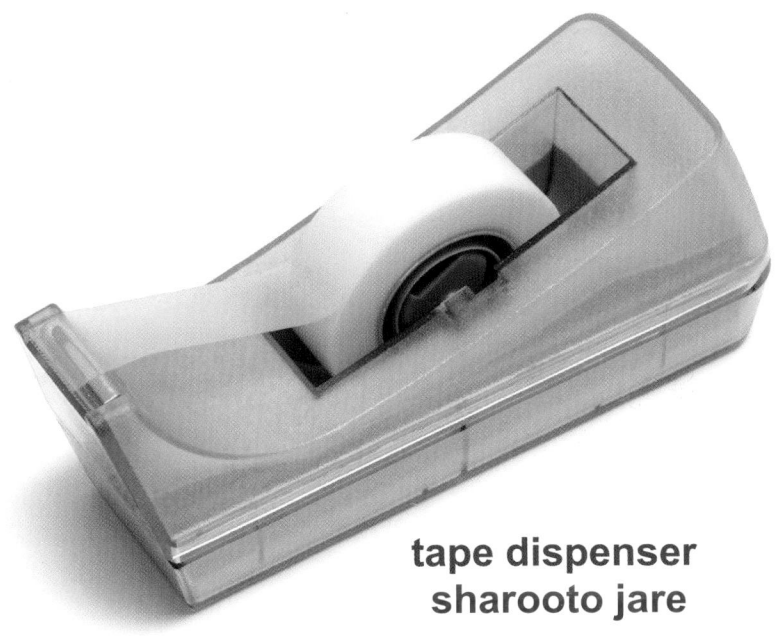

tape dispenser
sharooto jare

pushpin
biinka darbiga

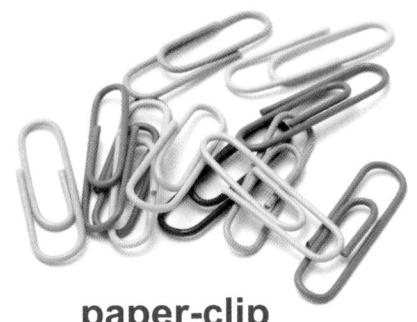

paper-clip
iskuqabtaha waraaqaha

globe
caalamka

telescope
soo dhawayso

microscope
waynayso

121

ball
kubad

chess set
cayaarta jes-ka

cardboard box
boor

calculator
kalkuleetar

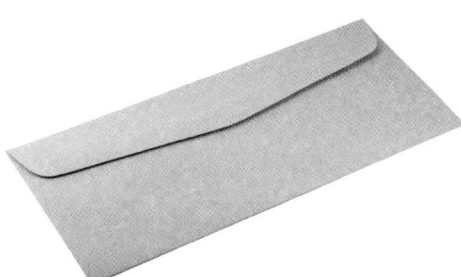

envelope
bashqad

letters
warqad

encyclopedia
insaykalobiidiya

stamp
shaabad

122

ink
qad

hole puncher
dalooliso

rubber stamp
shaabad

staple remover
aalad lagu siibo
bir ama dun wax
isku haysay

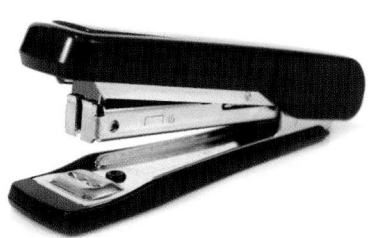

stapler
waraaqo isku-dhajiye

staples
biraha waraaqaha la
iskula dhajiyo

waste basket
dambiisha qashinka

whistle
firimbi

writing pad
shay la saarto warqadaha la
qorayo

first
koowaad

1st

one
koow

1

one hundred
boqol

100

one thousand
kun

1,000

one million
hal million

1,000,000

100,000

one hundred thousand
boqol kun

two
laba

second
labaad

2

2nd

200

two hundred
laba boqol

three
sadex

3

3rd

third
sadexaad

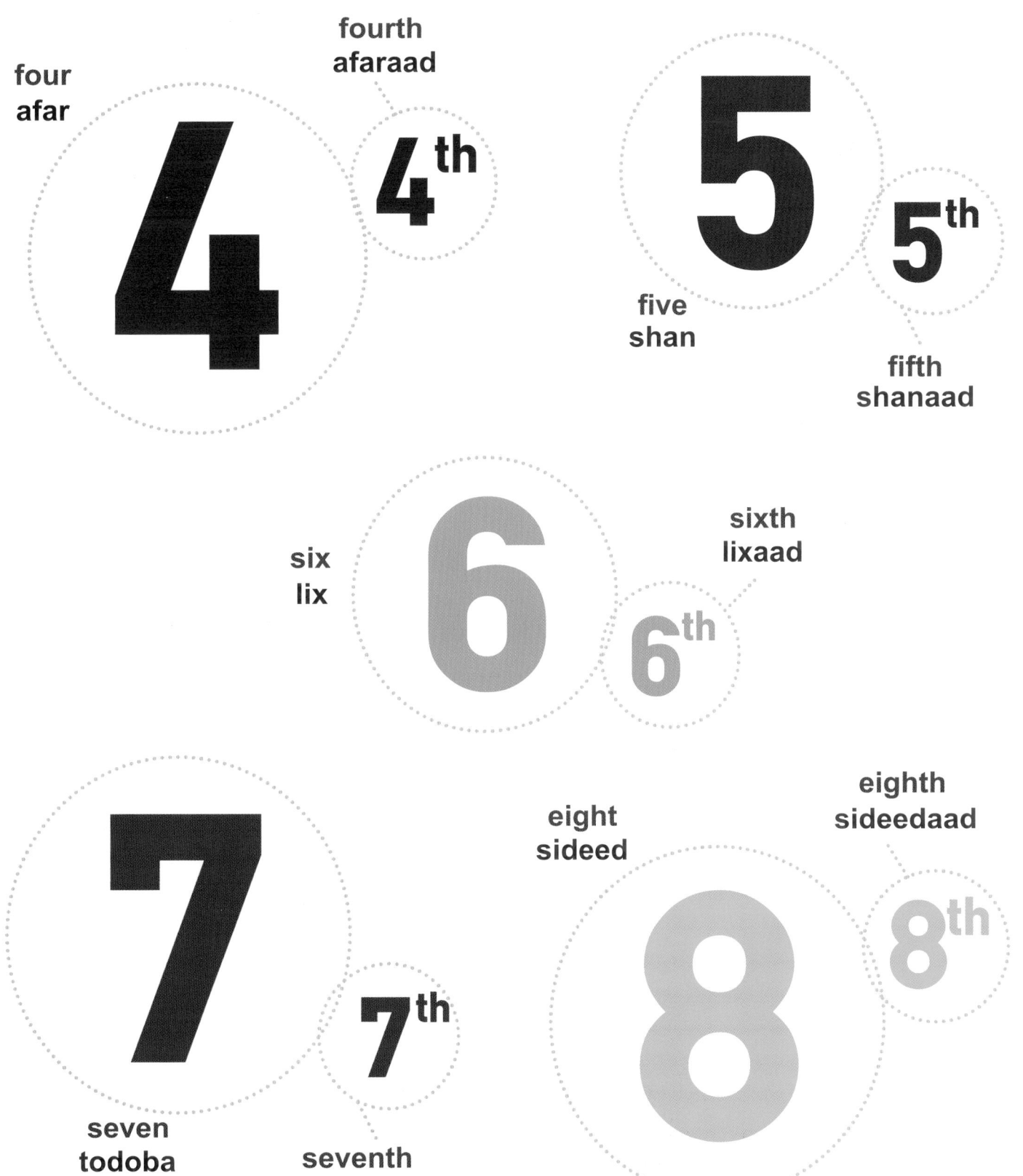

four
afar

fourth
afaraad

4

4ᵗʰ

five
shan

fifth
shanaad

5

5ᵗʰ

six
lix

sixth
lixaad

6

6ᵗʰ

seven
todoba

seventh
todobaad

7

7ᵗʰ

eight
sideed

eighth
sideedaad

8

8ᵗʰ

9

9th

nine
sagaal

ninth
sagaalad

ten
toban

tenth
tobanaad

10

10th

10,000

ten thousand
toban kun

11

11th

eleven
kow iyo toban

eleventh
kow iyo tobanaad

twelve
laba iyo toban

12

12th

twelfth
laba iyo tobanaad

13

13th

thirteenth
sadex iyo tobanaad

thirteen
sadex iyo toban

fourteen
afar iyo toban

14

14th

fourteenth
afar iyo tobanaad

fifteen
shan iyo toban

15

15th

fifteenth
shan iyo tobanaad

sixteen
lix iyo toban

16

16th

sixteenth
lix iyo tobanaad

17

17th

seventeenth
todoba iyo tobanaad

seventeen
todoba iyo toban

eighteen
sideed iyo toban

18

18th

eighteenth
sideed iyo tobanaad

nineteen
sagaal iyo toban

19

19th

nineteenth
sagaal iyo tobanaad

20
20th

twentieth
labaatanaad

twenty
labaatan

21
twenty-one
kow iyo labaatan

21st
twenty-first
kow iyo labaatanaad

30
thirty
sodon

31
thirty-one
kow iyo sodon

40
forty
afartan

41
forty-one
kow iyo afartan

50
fifty
konton

51
fifty-one
kow iyo konton

60
sixty
lixdan

61
sixty-one
kow iyo lixdan

70
seventy
todobaatan

71
seventy-one
kow iyo todobaatan

80
eighty
sideetan

81
eighty-one
kow iyo sideetan

90
ninety
sagaashan

91
ninety-one
kow iyo sagaashan

0
zero
eber

circle
wareeg

sphere
wareegsan

cone
muuqaal sufur leh

semicircle
nus wareeg

hemisphere
nus-dhul

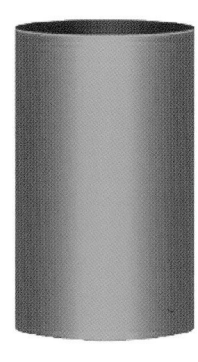

cylinder
dhululubo

square
afar geesoodle

rectangle
laydi

octagon
sideed xagalle

pentagon
muuqaal shan xagalle ah

hexagon
lix-geesle

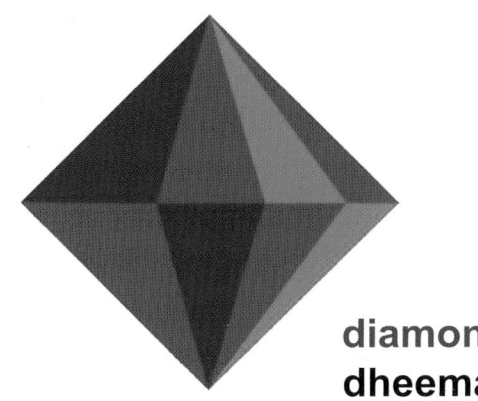

diamond
dheeman

star
xiddig

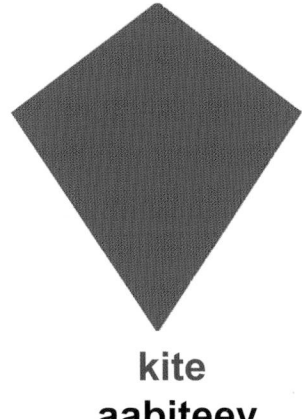

kite
aabiteey

triangle
sadex geesood

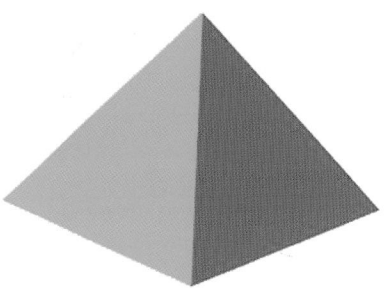

pyramid
payramid

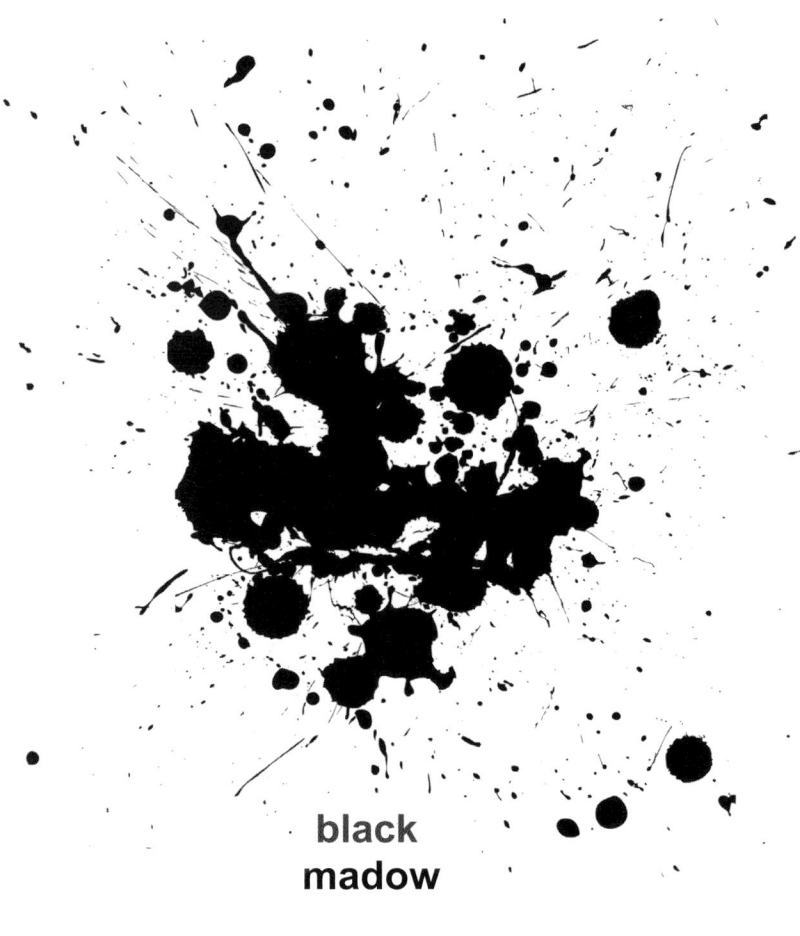

black
madow

brown
midab kafee ah

green
cagaar

gray
midabka dambaska

yellow
jaalle ama hurdi

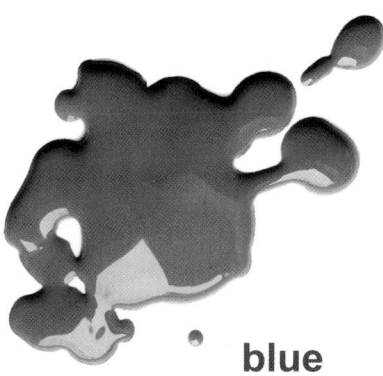

blue
midabka buluugga

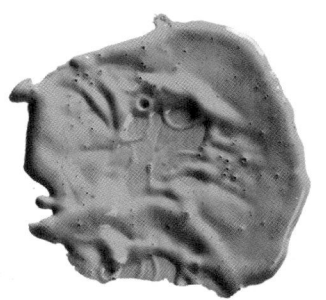

pink
midab pink ah

white
cad

purple
midabka baarbalka

red
casaan

It's
apostrophe
aboostaraf

near,
comma
hakad

look:
colon
astaanta :

-around-
dash
dhaash

the...
ellipsis
sadex joogsi

clock!
exclamation mark
calaamadda la yaabka

really?
question mark
calaamad su'aal

"he said"
quotation marks
calaamada xigashada
hadalka qof kale

Yes.
period
calaamadda joogsiga

(almost)
parentheses
calaamadda ()

done;
semicolon
joogsi-hakad ;

'sir'
single quotation marks
calaamadda hadalka oo
kali ah

3+1
plus sign
astaan ku-dar

√16
square root of
xiddid laba jibaaran

7-3
minus sign
calaamadda ka-jar

25%
percent
boqolkiiba

2×2
multiplication sign
calaamada ku dhufo

=4
equal sign
calaamadda la midka

8÷2
division sign
calaamada u qaybi

earth & space
ampersand
astaanta "iyo"

He/She
forward slash
forward slash

html\n
backslash
backslash

info@milet.com
at sign
astaanta @

A abacus 119 abacus
accordion 110 accordion
acoustic guitar 110 gitaar
adjustable wrench 48 baanad
Africa 97 Africa
air conditioner 24 qaboojiye
airplane 76 diyaarad
airport 80 garoon diyaaradeed
almond 64 almoon
ambulance 74 ambalaas
American football 102 kubadda cagta Maraykanka
ampersand 134 astaanta "iyo"
ankle 23 anqaw
answering machine 52 fariin-duubaha telefoonka
ant 10 quraansho
apostrophe 134 aboostaraf
apple 55 tufaax
apricot 55 abrikoot
archery 102 kooxda falaaraha
arm 21 dhudhun
armchair 25 kursi
armpit 21 kilkisha
artichoke 60 nooc khudaarta ah
Asia 97 Aasiya
asparagus 60 nooc qudrad ah
astronaut 99 cirbixiye
at sign 135 astaanta @
athletics 102 cayaaraha fudud
attic 24 figta guriga
aubergine 60 bidingaal
audience 109 dhagaystayaal
auditorium 109 fadhiga daawadayaasha
Australia 97 Australia
avalanche 94 baraf dhalaal
avocado 55 afokaado
axe 51 faas
B backpack 43 boorsooyinka dhabarka
backslash 135 backslash
badge 43 aqoonsi
badminton 102 cayaarta badminton
bagpipes 111 turubada scotishka
balalaika 110 kabanka balalaika
ball 122 kubad
ballet 109 dhaanwiga baalee
ballpoint pen 119 qalin caarad leh
banana 55 muus/moos
banjo 110 gitaarka banjo
barn 7 istoorka beerta
baseball 103 ciyaarta basebalka
basket 32 dambiil
basketball 103 cayaarta baaskitka
bass drum 112 durbaanka base-ka ah
bassoon 111 turubada bassoon
bat 16 fiid-meer
bathrobe 38 shukumaanka qubayska
bathroom 27 suuliga qubayska
bathtub 27 tubada qubayska
battery 49 bateri
beach 89 xeeb
beak 4 afka shimbirta

beans 66 digir
bear 16 xayawaanka beerka
bed 26 sariir
bedroom 26 qolka jiifka
bedside lamp 34 nal sariirta dhinaceeda
bee 11 shinni
beehive 11 meesha melabka shinidu ku samayso
beetle 10 xaarwalwaal
begonia 82 ubaxa begonia
belt 40 suun
beret 40 koofiyad
bicycle 75 baaskiil
black 132 madow
black pepper 68 filfil
blackberry 55 blackberry
blackboard 118 sabuurad/daabuur
blanket 26 buste
blender 36 qalab qudradda lagu shiido iwm
blouse 39 canbuur
blue 133 midabka buluugga
blueberry 55 blueberry
boots 41 buud
bottle 30 musaasad
bow tie 40 taayga
bowl 29 baaquli
box 32 santuuq
bracelet 42 jijin/barsaleeto
brake 75 bareeg/fariin
bread 52 rooti
breakfast 69 quraac
bridge 81 buundo
briefcase 43 shandad yar
broccoli 60 qudradda borokooli
broom 32 iskoobbe
brown 132 midab kafee ah
bucket 32 baaldi
bud 82 curdan
bull 7 dibi
bulldozer 74 baldoozar
burger 63 beegar
burner 31 shoolad
bus 77 bas
bus stop 80 boosteejada baska
bush 87 duur
bust 108 sanam
butter 70 subag
butterfly 10 ballanbaalis
button 44 batoon
C cabbage 60 kabash
cabinet 28 armaajo
cable 53 kaybal
cactus 87 tiitiin
cage 4 qafis
cake 63 doolshe
calculator 122 kalkuleetar
calf 7 wayl
calf 23 kubka
camel 9 geel
camellia 82 camellia
camper van 73 van dalxiis

canal	100	kanaal
candies	69	nacnac
candle	32	shumac
canned food	67	cunto qasacadaysan
canoe	79	doonta seebka
canvas	108	kanfas
cap	40	koofiyad
car	72	baabuur
car battery	49	batari baabuur
cardboard box	122	boor
cardigan	39	funaanad dulgashi
carnation	82	ubax carnation
carpet	25	kaarbet
carrot	58	karooto
cat	7	bisad
caterpillar	10	diir
cauliflower	60	nooc ka mid ah qudaarta
cave	93	hog buureed
ceiling	25	saqaf
ceiling fan	34	marwaxadda saqafka
celery	61	qudrad cagaaran
cello	113	nooc ka mid ah gitaarka
century	115	qarni
chain	50	silsilad
chair	28	kursi
chalk	120	jeeso
chameleon	12	jirjiroole
chandelier	34	laydhka
checkout	54	hubiye
cheek	22	dhabanka
cheese	70	farmaajo
cherry	55	miraha cherry-ga ee la cuno
chess set	122	cayaarta jes-ka
chest	21	xabadka
chestnut	64	dhoocil
chick	8	boojaal
chicken	65	digaag
chili pepper	58	basbaas
chimney	24	qaybta qiiqu ka baxo guriga
chimpanzee	17	daanyeer
chin	22	garka
chip	52	jib
chisel	51	qalab wax lagu jaro
chocolate	69	shukulaato
chocolate chip cookie	62	nooc buskud ah
cinema	109	shineemo
circle	130	wareeg
clarinet	111	turubada clarinet
classroom	118	fasal
claw	4	cidiyaha
clay	91	dhoobo
cliff	92	cirif
clock	32	saacad
cloth	44	mara yar
clothes brush	44	burushka dharka
clothes hanger	44	birta dharka la suro
clothespin	32	dhar qabad
cloud	94	daruur
coal	93	dhuxul
coast	89	xeeb
cobweb	11	xuub caaro
coconut	57	qumbe
cocoon	10	cocoon
coffee	71	kofii
collar	8	qool
colon	134	astaanta :
comb	45	shanlo
combination wrenches	48	kiyaawe
comforter	26	buste
comma	134	hakad
compass	107	jiheeye
computer	52	kompuyuutar
concert	109	riwaayad
cone	130	muuqaal sufur leh
container	78	konteenar
container ship	78	markab xamuul
cookie	62	buskud
coral	15	geed-badeed
corn	58	sabul galay
corncob	58	sabuulka marka uusan galayda lahayn
cotton	82	suuf
countryside	100	baadiye
cow	7	sac
crab	14	carsaanyo
crackers	62	nooc ka mid ah buskudyada
crayfish	14	aar-goosato
crayons	120	qalmaanta midabaynta
cream	70	kareem
crest	8	dhoor
cricket	10	xayawaan ayaxa u eg
cricket	102	cayaarta cricket-ka
crocodile	12	yaxaas
crosswalk	80	halka wadada laga talaabo
crow	4	tuke
cruise ship	78	markab-dalxiis
cub	18	cagobaruur
cucumber	59	kakambar
curtain	25	daah
cushion	25	barkimada fadhiga
cutting board	31	miis wax lagu dul jaro
cycling	102	tartanka baaskiilka
cylinder	130	dhululubo
cymbal	112	suxuunta muusiga
D daisy	82	ubax
dam	100	biya xireen
dash	134	dhaash
dawn	117	waabari
decade	115	toban sano
deck	78	dusha markabka
deep fryer	35	shiille
deer	19	deero
desert	91	saxaraaga
desk	118	miis shaqo
desk lamp	34	nalka miiska la saaro
dessert	69	macmacaan
diamond	42	dheeman
diamond	131	dheeman
digger truck	74	cagacagafta qodida
dill	61	kamsaro
dining table	28	kursiga cuntada

disaster	101	dhibaato
dishwasher	37	alaab dhaqe
diving	103	tiinbasho
division sign	135	calaamada u qaybi
dog	7	eey
doghouse	7	guri eey
dolphin	14	hoonbaro
donkey	9	dameer
door	24	albaab
door handle	36	gacan-qabsiga albaabka
doorbell	36	gambaleel
doormat	33	dacsad
double bass	113	gitaar laba baysle ah
dragonfly	10	baalkaa biyood
dress	38	labis
drill bit	49	birta daloolinta
drum kit	112	qalab durbaan
drumsticks	112	ulaha durbaanka
duck	8	boollo boollo
dump truck	73	gaariga qashinka
dusk	117	maqrib
E eagle	4	galeyr
ear	22	dhag
earphones	53	waayirada dhagaysiga
earrings	42	dhagadhago
Earth	98	dhul
earthquake	101	dhul-gariir
earthworm	13	gooryaan-dhuleed
easel	108	barkinka sawir-gacmeedka
egg	4	ukun
egg	66	ukun
eight	125	sideed
eighteen	127	sideed iyo toban
eighteenth	127	sideed iyo tobanaad
eighth	125	sideedaad
eighty	129	sideetan
eighty-one	129	kow iyo Sideetan
elbow	23	suxul
electric cooker	35	shoolad-koronto
electric drill	49	dalooliye koronto ah
electric guitar	110	gitaar koronto ah
electric razor	46	sakiin koronto ah
electrical outlet	36	godka korontada
elephant	16	maroodi
eleven	126	kow iyo toban
eleventh	126	kow iyo tobanaad
ellipsis	134	sadex joogsi
ember	101	dhimbiil
emerald	42	emeral
encyclopedia	122	insaykalobiidiya
engine	72	matoor
envelope	122	bashqad
equal sign	135	calaamadda la midka
eraser	119	tir-tire
Europe	96	Europe
evening	117	maqrib
exclamation mark	134	calaamadda la yaabka
eye	22	il
eye glasses	45	muraayadaha indhaha
eyebrow	22	suniyaha
eyelashes	22	timaha isha
eyelid	22	daboolka isha
F face	22	waji
falcon	4	galayr
fall	116	dayr
faucet	31	tubbo
fawn	19	sagaaro
feather	4	baal
fencing	104	seeftanka
fender	72	bambarka gaariga
field	88	xero
fifteen	127	shan iyo toban
fifteenth	127	shan iyo tobanaad
fifth	125	shanaad
fifty	128	konton
fifty-one	128	kow iyo konton
fingerprint	23	faro
fire	101	dab
fire extinguisher	50	dab damiye
fire truck	74	baabuurka dab-damiska
fireplace	25	meesha dabka laga shido
first	124	koowaad
fish	14	kalluun
fish	65	kalluun/malaay
five	125	shan
flame	101	holac
flamingo	4	booloboolada falamingo
flight deck	76	shirka diyaaradda
flip-flops	41	dacas
flood	95	daad
floor	25	dabaq
floor lamp	34	nalka dhulka
flour	62	daqiiq
flowerpot	33	dhariga ubaxa
flute	111	siin-baar
fly	11	daqsi
fog	95	ceeryaamo
folding chair	25	kursi laabma
food processor	36	cunto habeeye
foot	21	cag
footprint	21	raad
forehead	21	foolka
forest	92	kayn
fork	30	fargeeto
forklift	74	qalab alaabta culus qaada
fortnight	115	laba todobaad
forty	128	afartan
forty-one	128	kow iyo afartan
forward slash	135	forward slash
fossil	101	galfoof
foulard	40	shalmad
four	125	afar
fourteen	127	afar iyo toban
fourteenth	127	afar iyo tobanaad
fourth	125	afaraad
fox	17	dawaco
French fries	68	bataati
frog	12	rah
frost	94	dhedo
fruit juice	71	cabitaanka la miiro

frying pan 29 daawe
fuchsia 82 nooc ubax ah
G galaxy 99 gaalaksi
garage 81 garaash
garden 88 beer
gardenia 83 nooc ubax ah
garlic 58 tuun
gas cap 72 daboolka shidaalka gaariga
gas lighter 47 gaas shide
gas pump 81 mashiinka baatroolka
gas station 81 xarun shidaal
geranium 83 nooc ubax ah
giraffe 17 gari
glass 30 galaas
globe 121 caalamka
glove 40 gacan gashi
goat 9 ri'
golf 104 golf
goose 8 shinbirta goos
gorilla 17 daanyeerka gorilaha
grape 56 canab
grapefruit 56 miraha canabka
grass 87 caws
grasshopper 10 ayax
gray 132 midabka dambaska
green 132 cagaar
green bean 59 digirta cagaaran
ground beef 65 duqad
ground floor 24 dabaqa ugu hooseeya
gull 5 nooc shimbir-badeedah
H hail 94 jineestiko
hair 22 timo
hair dryer 45 timo qalajiye
hairbrush 45 burushka timaha
hairpin 45 bin timaha celiya
half past one 114 kowdii iyo bar
hammer 49 burus
hand 21 gacan
hand gliding 103 diyaarad yar oon matoor lahayn
handball 104 kubadda gacanta
handlebars 75 gacmaha baaskiilka
handsaw 51 miinshaar
harmonica 110 siidhi-muusigah
harp 110 qalab muusig oo gitaarka u eg
harvest 88 miraha beeraha ka soo go'a
hat 40 koofiyad
hawk 5 daffo
hay 88 cawska
hazelnut 64 laws xuub adag ku jira
head 21 madax
headlight 72 indhaha baabuurka
hedgehog 20 kuullay
heel 23 ciribta qofka
heel 41 ciribta kabta
helicopter 76 helikabter
hemisphere 130 nus-dhul
hen 8 digaag
heron 5 nooc shimbir-badeedah
hexagon 131 lix-geesle
high jump 104 boodada sare

highway 80 haywayga
hill 91 meel saraysa
hip 23 sinta
hippopotamus 19 jeer
hole puncher 123 dalooliso
honey 97 malab
hood 72 kawarka baabuurka
hoof 9 qoob
horn 19 gees
horse 9 faras
horse racing 104 tartanka faraska
horse riding 104 farda fuul
hose 51 tuunbada biyaha
hour hand 114 Saacad-sheeg (usha yare e saacada ku taal siiba ta saacadaha sheegta)
house 24 guri
hurdles 104 jid-gooyo
hyacinth 83 ubaxa buluugga ah
I ice cream 69 jallaato
ice cube 71 barafka yar yar
ice hockey 106 xeegada barafka
icicle 94 baraf fiiqfiiqan
iguana 12 jirjiroole
index finger 23 far dhexo
ink 31 qad
iris 83 ubaxa iris
iron 37 feero
ironing board 33 miiska wax lagu feereeyo
island 89 jasiirad
J jar 30 dhalo ama jeeg
jasmine 83 nooc ubax ah
javelin 105 waran-tuur
jeans 39 jiinis
jellyfish 14 kalluunka jellyfish
jerrycan 33 jiirigaan
jet ski 79 mootada biyaha
jewellery 42 majooharaad
jonquil 83 nooc ubax ah
judo 103 sabaaxad
jug 30 garaafo
juice extractor 31 miire
jumpsuit 38 dharka boodada
jungle 92 hawd
Jupiter 98 dhul meeraha jupiter
K kangaroo 18 kangaruu
key 47 fure
keyboard 52 kii-boodh
kitchen 29 jiko
kite 131 aabiteey
kitten 7 bisad yar
kiwi 56 miraha kiwi
knee 21 jilib
knife 30 middidaa jikada
koala 16 xayawaanka koala
L ladder 50 sallaan
ladybird 11 shimbirad
lake 90 harro
lamb 9 ido
lamp 34 nal
lavender 83 caleemo udgoon

layer	91	is dulyaal
leaf	87	laan
leek	61	qudrad u eg basal baarta
leg	21	lug
lemon	58	liin
lemonade	71	lemooneed
lentils	66	lentil
leopard	18	haramcad
lesson	118	cashar
letters	122	warqad
lettuce	61	ansalaato
library	118	laaybareeri
lightning	95	biriq
lilac	84	nooc ubax ah
lion	18	libaax
lip	22	bishin
little finger	23	far-yaro
living room	25	qolka fadhiga
lizard	12	bulac
llama	18	cannuuni
lobster	14	aargoosato
log	88	jiridda geedaha siiba marka la jaro
long-nose pliers	48	biinso af dheer
lovebird	5	shimbir yar oo baalal midabo leh
M— magnet	120	bir-qabato
magnifying glass	120	muraayad waynayso ah
magnolia	84	ubaxa magnolia
mallet	49	dube
mandarin	56	maandariin
mandolin	110	qalabka muusiga ee mandolin
mane	18	shaash
mango	57	cambe
manicure set	46	qalab cidiyo-gur
marathon	105	orodka marathonka
market	54	suuq
marrow	60	khudrad xabxab u eg
Mars	98	dhul meeraha mars
marsh	90	dhul dhiiqo ah
matchbox	47	santuuqa taraqa
matchsticks	47	xabad taraq ah
melon	56	qare
Mercury	98	dhulmeeraha mercury
metronome	113	wakhti-calaameeye muusik ah
microphone	53	makarafoon
microscope	121	waynayso
microwave oven	35	foornada microwave-ka
middle finger	23	far-dhexo
midnight	117	saq-dhexe
milk	70	caano
Milky Way	99	gaalaksiga milkway
millennium	115	kun sano
minivan	73	bas van ah oo yar
mint	61	caleenta mint
minus sign	135	calaamadda ka-jar
minute hand	114	Mirir-sheeg (usha yare ee saacada ku taal siiba ta miridhada sheegta)
mirror	27	muraayad
mole	20	firinfir
mole wrench	48	nooc biinso ah oo tubooyinka loo adeegsado
monitor	52	shaashad
monkey	17	daayeer
month	115	bil
Moon	98	dayax
mop	33	masaxaad
mosquito	11	kaneeco
moss	84	cagaar
moth	10	balanbaalis
motorcycle	75	mooto
mountain	91	buur
mountaineering	105	buuro fuul
mouse	20	jiir
mouth	22	af
mud	100	dhiiqo
multiplication sign	135	calaamada ku dhufo
museum	109	matxaf
mushroom	58	mashruum
music stand	113	meesha la saarto qoraalka muusiga la garaacayo
N— nail	49	musmaar
nail clippers	46	cidiyo-jar
nail file	46	cidiyo sime
narcissus	84	nooc ubax ah
navel	23	xuddunta
neck	22	qoorta
necklace	42	silsilad
Neptune	98	dhulmeeraha nebtuun
nest	5	buul
nettle	84	geed carfa
newspaper	53	wargays
newt	12	noocyada bulaca
night	117	habeen
nine	126	sagaal
nineteen	127	sagaal iyo toban
nineteenth	127	sagaal iyo tobanaad
ninety	129	sagaashan
ninety-one	129	kow iyo sagaashan
ninth	125	sagaalaad
North America	96	waqooyiga America
nose	22	san
notebook	119	xusuus qor
nut	48	daloolka boolka
O— oats	86	khamadi
oboe	111	nooc turbada ah
ocean	89	badwayn
octagon	131	sideed xagalle
octopus	14	octopus
oil	67	saliid
okra	59	baamiyaal
olive	67	saytuun
olive oil	67	saliida saytuun
one	124	koow
one hundred	124	boqol
one hundred thousand	124	boqol kun
one million	124	hal million
one o'clock	114	kowdii
one thousand	124	kun
onion	59	basal
open ended wrench	48	kiyaawe
orange	56	liin

orange juice	71	cabitaan liin
orchestra	109	koox musik tunta
orchid	85	nooc ka mid ah ubaxa
ostrich	5	gorayo
otter	20	xayawaan biyo iyo beri ku noole ah
oven	35	foorno
owl	5	guumays
P padlock	50	quful
page	119	bayj
palette	108	alwaax loo isticmaalo isku darka midabka
palm	21	sacab
palm tree	86	geed timir
pancakes	63	baan-keeg
panda	19	panda/biir
paper-clip	121	iskuqabtaha waraaqaha
parentheses	134	calaamadda ()
parrot	5	babqaaq
parsley	61	qadra-nacnac
passenger terminal	80	barxada rakaabka diyuurada
passport	43	baasaboor
pasta	66	baasto
path	92	waddo
peach	56	furuutka peach
peacock	5	daa'uus
peanut	64	loos
pear	57	furuutka beeya
peas	59	digir
pebbles	90	dhagax-dixeed
pedal	75	badeelle
pelican	6	booloboolada
pen	119	qalin
pencil	119	qalin beensil
pencil sharpener	119	qalin qore
penguin	15	xayawaanka penguin
pentagon	131	muuqaal shan xagalle ah
pepper	58	xayaaji
percent	135	boqolkiiba
perfume	45	cadar
period	134	calaamadda joogsiga
pet	9	xayawaanka lala saaxiibo
petal	87	qaybta sare ee ubaxa ee midabada leh
piano	110	piano
pickax	51	yaanbo
pickup truck	73	xaajiyad
picture	108	sawir
picture frame	108	sawir haye
pie	63	bur keeg ah
pier	81	biriish-badeed
pig	9	doofaar
pigeon	6	qooleey
pillow	26	barkin
pine cone	86	qoone
pineapple	57	baaynabal
pink	133	midab pink ah
pins	47	biin
pistachio	64	nooc lows ah
pizza	63	biiza
plate	30	saxan
playground	118	garoon
plug	50	bareeso
plum	57	nooc fruit ah
plumbing	27	dhuumaha biyaha
plus sign	135	astaan ku-dar
pocket	38	jeeb
polar bear	16	biir-baraf
police car	74	baabuur booliis
pomegranate	57	rumaan
popcorn	69	daango
poppy	84	ubax cas
port	81	deked
pot	29	dhari
potato	59	bataati
pressure cooker	29	digsi koronto ku shaqeeya
printer	52	daabace
puddle	100	dhijaan
pumpkin	59	bambikin
puppy	7	dhasha ayga
purple	133	midabka baarbalka
purse	43	boorso
pushpin	121	biinka darbiga
pyramid	131	payramid
Q quarter past one	114	kowdii iyo rubuc
quarter to two	114	labadii oo rubuc la'
question mark	135	calaamad su'aal
quince	57	nooc ka mid ah fruitka
quotation marks	134	calaamada xigashada hadalka qof kale
R rabbit	20	bakayle
raccoon	16	dabacadeeye
race car	74	baabuur tartan
radiator	34	raayatoore
radio	53	raadiyaw
radish	61	xiddigka baggalka
rafting	105	adeegsiga huudhiga
railroad station	81	saldhigga tareenka
railroad track	81	qadka tareenka
rain	95	roob
rake	51	fargeetada qashinka
raspberry	55	miraha la cuno ee raspberry
rat	20	jiir
razor	46	sakiin
rectangle	130	laydi
red	133	casaan
reel	44	bubada dunta
refrigerator	29	talaagad
restaurant	54	maqaayad
rhinoceros	19	wiyil
ribbon	44	calal astaan ah
rice	66	bariis
ring	42	faraanti
ring finger	23	far faraati
river	90	wabi
road	80	waddo
robin	4	shinbir yar
rock	93	dhagax
rocking chair	25	kursi lulma
rocky landscape	93	meel dhagaxyo leh
rollerblade	75	kabo taayiro leh
roof	24	saqaf
room	25	qol
rooster	8	diig

root	87	xiddid		shirt	39	shaati
rope	51	xarig		shoelaces	41	xadhiga kabaha
rose	85	ubaxa rose-ka		shoes	41	kabo
row boat	79	huudhi		shorts	39	dabagaab
rowing	105	wadida huudhiga		shoulder	23	garab
rubber stamp	123	shaabad		shoulder bag	43	boorso garabka la surto
ruby	42	rubi		shovel	51	badeel
rug	26	roog		shower	27	qubays
ruler	120	mastarad		sidewalk	80	dhinac dadku ku socdaan
rye	86	heed		single quotation marks	134	calaamadda hadalka oo kali ah
S — sack	33	kiish/loor		sink	31	siinki
saddle	75	koore		six	125	lix
safety helmet	50	koofi bir ah		sixteen	127	lix iyo toban
safety pin	47	biin		sixteenth	127	lix iyo tobanaad
sail	79	shiraacasho		sixth	125	lixaad
sailboat	79	doon shiraac leh		sixty	129	lixdan
sailing	105	tartanka doomaha shiraaca		sixty-one	129	kow iyo lixdan
salad	68	ansalaato		skeleton	22	qalfoof
salamander	13	nooc qoratada ah		skiing	106	baraf ku taraarixid
salt	68	cusbo		skirt	39	goonno
sand	89	ciid		skull	22	lafta madaxa
sandal	41	kabaha sandalka		skunk	17	xoor
sandpit	118	carro tuur		sled	75	gaari la jiido sida meelaha barafka ah
sandwich	63	saanwij		sleeping bag	107	boorso la dhex seexdo
satellite dish	99	diish		slice of bread	62	cad rooti ah
Saturn	98	meeraha satuun		slip joint pliers	48	biinso
sausage	65	sooseej		slippers	41	dacas
saxophone	111	saksafoon		slope	93	cirif
scale	31	miisaan		snacks	68	casariyo
scanner	52	qalabka iskaanka		snail	11	isneyl
scarf	40	iskaaf		snake	13	mas
scissors	120	maqas		snapdragon	84	nooc ubax ah
scooter	75	mooto		snare drum	112	nooc durbaan ah
scorpion	11	dib qalooc		sneakers	41	kabo isboorti ah
screw	49	bool		snow	94	baraf
screwdriver	49	bool xire		snowboarding	106	cayaaraha barafka
seahorse	15	faras badeed		snowdrop	85	ubax ka soo baxa barafka
seal	15	xayawaanka seal		soap	27	saabuun
seaweed	15	cawska bada		soccer	106	kubad cag
second	124	labaad		socks	41	sigsaan
second hand	114	Sekon-sheeg (usha yar ee saacada ku taal siiba ta sekonada sheegta)		sofa	25	soofo
				soil	92	ciid
semicircle	130	nus wareeg		soup	68	maraq
semicolon	134	joogsi-hakad ;		South America	96	koonfurta Amerika
seven	125	todoba		space	99	hawada sare
seventeen	127	todoba iyo toban		space shuttle	99	dayax-gacmeed
seventeenth	127	todoba iyo tobanaad		space station	99	xarun dayax-gacmeed
seventh	125	todobaad		sparrow	6	shimbirka sparrow
seventy	129	todobaatan		speaker	53	sameecad
seventy-one	129	kow iyo todobaatan		speed skating	106	tartanka xawaaraha orodka ee barafka
sewing machine	36	harqaan		sphere	130	wareegsan
sewing needle	47	irbada dharka		spider	11	caaro
shaker	30	sheey cusbada lagu shubo		spinach	61	isbiinaash
shark	15	libaax-badeed		spirit level	48	hal-beeg cabiraad
shaving brush	46	burushka xiirashada		spoke	72	kushineeto
sheep	9	ido		sponge	27	isbuunyo
sheet	26	go'		spoon	30	qaaddo
shelf	27	iskafaalle		spring	116	xilliga gu'ga
shin	23	shanshada		spring onion	61	basal baar
ship	78	markab		square	130	afar geesoodle

square root of	135	xiddid laba jibaaran
squirrel	20	daba-gaalle
stadium	106	garoonka
stage	109	masrax
stamp	122	shaabad
staple remover	123	aalad lagu siibo bir ama dun wax isku haysay
stapler	123	waraaqo isku-dhajiye
staples	123	biraha waraaqaha la iskula dhajiyo
star	131	xiddig
starfish	15	noole badda ku nool oo u eg xiddig
statue	108	sanab
steak	65	isteek/buskeeti
steering wheel	72	isteerin
stem	87	jirida geedka
steps	24	jaran-jar
stone	91	dhagax
stool	28	gambar
stopwatch	107	saacad la istaajin karo ee orodka loo adeegsado inta badan
stork	6	cantalyaa
strawberry	55	istaroobari
stream	90	dooxo
street	80	waddo
streetcar	77	taraam
stroller	75	gaariga caruurta lagu riixo
submarine	79	gujis
sugar	69	sonkor
suit	38	suudh
suitcase	43	shandad
summer	116	xagaa
Sun	98	qorax
sunflower	86	gabal-daye
sunglasses	45	ookiyaalka indhaha
sunrise	117	qorax soo bax
supermarket	54	suuq wayne
swallow	6	shimbirka swallow
swan	6	xuur-badeed
sweater	39	funaanad
swimming	107	dabaal
swimming pool	107	barkadda dabaasha
swimming trunks	38	daba-gaab lagu dabaasho
swimsuit	38	dharka dabaasha
T T-shirt	39	garan
table tennis	106	kubadda miiska
tableware	28	maacuun
tadpole	13	rah
taekwondo	103	cayaarta taekwondo
tail	20	sayn
tambourine	112	daf
tape dispenser	121	sharooto jare
tape measure	50	cabir
tea	71	shaah
teapot	31	dhariga shaaha
teaspoon	31	qaadada shaaha
telephone	52	telefoon
telescope	121	soo dhawayso
television	37	telefishin
ten	126	toban
ten thousand	126	toban kun
tennis	107	teenis
tent	107	teendho
tenth	126	tobanaad
theater	109	tiyaatar
thigh	21	bowdada
third	124	sadexaad
thirteen	126	sadex iyo toban
thirteenth	126	sadex iyo tobanaad
thirty	128	sodon
thirty-one	128	kow iyo sodon
thread	44	dun
three	124	sadex
throat	23	dhuun
thumb	23	suul
tie	40	taay
tiger	18	shabeel
timpani	112	durbaan
tire	72	taayar
toad	13	rah
toast	62	dubid
toaster	35	qalab wax lagu dubo
toe	21	faraha lugaha
toilet	27	suuli
toilet paper	27	waraaqaha suuliga
tomato	59	yaanyo
toolbox	58	tool
toothbrush	46	burushka cadayga
toothpaste	46	dawada cadayga
torch	50	toosh
tornado	95	ufo tornaado
tortoise	13	diin
tow truck	73	gaari baabuurta jiida
towel	27	shukumaan
tracksuit	38	iskujooga isboortiga
tractor	74	cagaf-cagaf
traffic	80	baabuur
traffic light	75	nalka baabuurta kala haga
train	77	tareen
transporter	73	baabuur wayn
tree	87	geed
triangle	131	sadex geesood
trombone	111	saksoofan
trousers	39	surwaal
truck	73	gaadhi
trumpet	111	turubo
trunk	72	qaybta dambe ee gaariga
tuba	111	turubo
tulip	85	nooc ubax ah
tuning fork	113	qalab laba gan leh oo dhawaq muusig sameeya
tunnel	81	dhuun
turkey	8	digirin
turnip	60	qudrad basasha oo kale ah
turtle	15	diin badeed
tusk	16	fool maroodi
tweezers	46	barqaab
twelfth	126	laba iyo tobanaad
twelve	126	laba iyo toban
twentieth	128	labaatanaad
twenty	128	labaatan
twenty-first	128	kow iyo labaatanaad

Index | Tusmo alifbeeto ah

twenty-one	128	kow iyo labaatan
two	124	laba
two hundred	124	laba boqol
U umbrella	43	dallad
underground	77	dhulka hoose
Uranus	98	dhulmeeraha yuraanas
V vacuum cleaner	37	xaaqdo
valley	92	dooxo
van	73	faan
vase	33	dhariga ubaxa
Venus	98	dhulmeeraha fiinas
video camera	53	kaamarada video-ga
vineyard	86	dhul beereed
violin	113	faayoliin
volcano	93	folkaano
volleyball	105	cayaarta foolibool
vulture	6	coomaadi
W wagon	77	gaariga la jiido
waist	21	dhexda qofka
walking stick	43	bakoorad
wall	24	darbi
wallet	43	boorsada lacagta
walnut	65	lows xuub adag ku jira
walrus	15	maroodi badeed
wardrobe	26	armaajada dharka
washing machine	37	mashiinka dhaqidda
wasp	11	xuun
waste basket	123	dambiisha qashinka
watch	42	saacad
water	71	biyo
water lily	85	ubax biyaha ka soo baxa
water polo	107	kubadda biyaha
water skiing	106	biyo-ku taraarax
waterfall	100	biya dhac
watermelon	56	xabxab
watermill	100	waadaan
wave	100	mawjad
weed	84	harame
week	115	todobaad
weightlifting	102	culays qaad
whale	14	nibiri
wheat	86	qamadi
wheel	75	shaag ama lug
wheelbarrow	51	gaari gacan
whistle	123	firimbi
white	133	cad
wind	95	dabayl
window	24	daaqad
windscreen	72	muraayadda hore ee baabuurka
windscreen wipers	72	weebarta
wing	6	baal shimbir
wing	76	baalka diyaaradda
winter	116	jiilaal
wolf	17	yey
wood	88	alwaax
woodpecker	6	shimbirta geedaha daloolisa
wrestling	103	lagdin
wrist	23	curcur
writing pad	123	shay la saarto warqadaha la qorayo
Y yacht	78	doon raaxo
year	115	sanad
yellow	132	jaalle ama hurdi
yogurt	70	yoogar
yolk	66	qaybta dhexe ee ukunta ee midabka hurdiga ah leh
Z zebra	19	dameer farow
zero	129	eber
zipper	44	jinyeer